Alfred Overmann

Die Besitzungen der Großgräfin Mathilde von Tuscien nebst Regesten ihrer Urkunden

Alfred Overmann

Die Besitzungen der Großgräfin Mathilde von Tuscien nebst Regesten ihrer Urkunden

ISBN/EAN: 9783743447356

Hergestellt in Europa, USA, Kanada, Australien, Japan

Cover: Foto ©Andreas Hilbeck / pixelio.de

Weitere Bücher finden Sie auf **www.hansebooks.com**

Die Besitzungen

der Grossgräfin

Mathilde von Tuscien

nebst

Regesten ihrer Urkunden.

Von

Dr. Alfred Overmann.

BERLIN.
MAYER & MÜLLER.
1893.

In der Reichsgeschichte des zwölften und des beginnenden dreizehnten Jahrhunderts spielt der Streit um die Gütermasse der Markgräfin Mathilde von Tuscien, der grossen Gräfin, wie sie wohl genannt wird, eine wichtige Rolle. Reich und Kirche erhoben Anspruch auf die bedeutende Allodialerbschaft. Die Kaiser konnten sich nicht entschliessen, einen so reichen Besitz aus ihrer Hand zu geben, während die Päpste immer wieder von neuem die Restitution des nach ihrer Ansicht dem heiligen Stuhle widerrechtlich vorenthaltenen Gebietes forderten.

Und wertvoll in der That war das mathildische Erbe. Von seiner Ausdehnung, von den Machtmitteln, die es seinem Inhaber zur Verfügung stellte, berichten bewundernd auch deutsche Chronisten[1]). Dennoch hat man bisher nur eine ganz allgemeine Anschauung von dieser Gütermasse gehabt; eine bis ins Einzelne gehende Untersuchung, was denn nun alles der grossen Gräfin zu eigen gewesen, ist noch nicht angestellt worden, obgleich Ficker bereits auf diese Aufgabe hingewiesen hat[2]).

Die vorliegende Arbeit nun beschäftigt sich mit der Frage nach Lage, Zahl und Ausdehnung der mathildischen Besitzungen. Sie will, so weit das bis jetzt bekannte Quellenmaterial es zulässt, eine vollständige Übersicht über die Gütermasse der grossen Gräfin geben.

---

[1]) Chron. Ursperg. M. G. XXIII. 350. Rahewin Gesta Fr. IV ed. Waitz, 198.
[2]) Forsch. z. Reichs- und Rechtsgesch. Italiens, II. 200 Anm. 12.

Es versteht sich jedoch von selbst, dass mit einer blossen Zusammenstellung dessen, was Mathilde besessen, nicht genug gethan ist. Für die spätere Geschichte des Gutes ist es durchaus nötig, einmal die Art des Erwerbes, soweit sie sich nachweisen lässt, darzulegen, sodann aber vor allem eine Scheidung zwischen Eigengut, Reichs- und Kirchenlehen vorzunehmen.

Bei der Untersuchung über die Art und Weise des Erwerbes war ein Zurückgreifen auf die Vorfahren der Gräfin nicht zu umgehen. Ich habe mich dabei auf eine Abhandlung von H. Bresslau stützen können[1]), die mir diese Arbeit bedeutend erleichtert hat. Fast bei allen wichtigen Orten und Landcomplexen ist es mir gelungen, den Nachweis zu führen, wie und wann sie in die Hand des Hauses Canossa gekommen sind. Nur bei denjenigen Gütern, die später, zu Anfang des 13. Jahrhunderts in den Besitz der römischen Kirche gelangten, konnte ein solcher Nachweis nicht erbracht werden, welche auffallende Erscheinung wohl einen Schluss zulässt für die Beantwortung der Frage, ob hier Allod, Reichs- oder Kirchenlehen vorliegt.

Nicht überall ist es mir gelungen, darin eine sichere Unterscheidung zu treffen. Kirchengut war im allgemeinen leicht herauszufinden, da die darauf bezüglichen Urkunden sehr zahlreich erhalten sind, Reichsgut dagegen konnte ich mit verschwindenden Ausnahmen nicht entdecken. Nach den mir vorliegenden Urkunden musste alles, was nicht ausdrücklich als Kirchengut bezeugt war, einfach als Allod angesehen werden. Dass, wie oben erwähnt, bei der grossen Gütermasse, über die später die römische Kirche verfügt, die Art des Erwerbes nicht nachzuweisen war, drängte zu dem Schlusse, dass diese Besitzungen sich nur aus Eigengut zusammensetzten,

---

[1]) Jahrbücher des deutschen Reichs unter Konrad II. Bd. I. Excurs IV, S. 481.

auf das die Kirche rechtens ja auch nur Anspruch besass.
Aber unbedingt sicher ist dieser Schluss nicht.

Denn zweifellos hat sich unter dem, was man zu Ende des zwölften Jahrhunderts als zur „terra comitissae Mathildis" gehörig betrachtete, auch ehmaliges Reichsgut befunden. Nur war es damals nicht mehr möglich, diese zur Zeit der Ottonen und ersten Salier von den canusinischen Grafen und Markgrafen zu ihrem Hausbesitz geschlagenen Gebiete auszusondern.

Sicher ist auch vieles, was ich als Allod bezeichnen musste, ursprünglich Kirchengut gewesen, das durch Tausch oder Kauf, aber auch wohl durch rechtswidrige Aneignung in die Hand des Hauses Canossa gekommen ist. Denn gerade die hundert Jahre, welche die Herrschaft der drei ersten Canusiner Adalbert-Atto, Thedald und Bonifacius umfassen, sind die Zeit, wo eine massenhafte Verschleuderung des Kirchengutes in Italien stattfindet. Allenthalben geht mit der Verweltlichung des Klerus und der Klostergeistlichkeit ein wirtschaftlicher und Vermögensniedergang in Kirchen und Stiftern Hand in Hand. Vielfach verarmten die Klöster gänzlich, sodass sogar die Bauten verfielen, und unzähligen Klagen, Streitigkeiten und Processen wegen geraubter oder vorenthaltener Kirchengüter begegnen wir in den Urkunden dieser Zeit[1]). Dass Thedald und Bonifacius sich widerrechtlich in Besitz von Kirchengütern gesetzt haben, wissen wir bestimmt.

Wenn man dies berücksichtigt und ausserdem noch alles andere durch Kauf oder Tausch Erworbene als Kirchengut betrachtet, dann wird man freilich wohl mit Bresslau sagen müssen[2]), dass der grösste Teil des mathildischen Gutes von

---

[1]) Vergl. A. Dresdner Kultur- und Sittengeschichte der italiänischen Geistlichkeit im 10. und 11. Jahrhundert. Breslau 1890. S. 116 ff. 122 ff. 343 ff.

[2]) l. c. S. 438.

Kirchen her stamme. Fragt man aber danach, was zur Zeit der Grossgräfin als Allod, was als Kirchenlehen gegolten hat, so dürfte wohl der Eigenbesitz Mathildens grösser gewesen sein, als die Kirchenlehen, welche sie inne hatte.

Bei der nun folgenden Zusammenstellung des Gutes ist die Einteilung nach Grafschaften gewählt worden. Was die grossen Reichslehen der Canusiner betrifft, so habe ich mich bei deren Aufzählung ganz an die oben erwähnte Abhandlung von Bresslau angeschlossen.

Zusammenstellung
und
Beschreibung des mathildischen Gutes.

Die Reichsämter, welche Mathilde besass, hat sie von ihren Vorfahren ererbt. Wie Bresslau nachgewiesen, war bereits ihr Urgrossvater Adalbert-Atto im Besitz der drei Grafschaften Modena, Reggio und Mantua, wie denn auch der grösste Teil der späteren mathildischen Gütermasse in diesen Comitaten sich findet. Thedald, der Sohn Adalbert-Attos erwarb die beiden Grafschaften Brescia (mit Cremona) und Ferrara, letztere jedoch wahrscheinlich als päpstliches Lehen[1]), und Bonifacius, Thedalds Sohn wurde um 1030[2]) vom Kaiser mit der Markgrafschaft Tuscien belehnt[3]).

Aber auch die Allodien und Kirchenlehen sind zum weitaus grössten Teil von den drei ersten Canusinern erworben worden, wenigstens berichten die Urkunden der Mathilde so gut wie nichts von neuen Erwerbungen.

---

[1]) Ficker, Forsch. II, 316 u. Bresslau l. c. 438.

[2]) Die erste Erwähnung des Bonifacius als dux et marchio Tusciae findet sich in einer Urkunde des Jahres 1032 (Ughelli, It. sac. III. 296). Vergl. auch Jung, Herzog Gottfried der Bärtige unter Heinrich IV, S. 15.

[3]) Spoleto gehörte nicht zu dem Hoheitsgebiete der Grossgräfin. Ihr Stiefvater Gottfried von Lothringen hat es zwar seit 1057 besessen, doch fiel es nach dessen Tode (1069) nicht an die Wittwe Beatrix. Weder von dieser, noch von Mathilde lässt sich nachweisen, dass sie in dem Herzogtume Hoheitsrechte ausgeübt haben.

1) Grafschaft Reggio.

Ich beginne mit der Grafschaft Reggio. Hier lag hart an der parmesischen Grenze Canossa, seit Adalbert-Atto der Stammsitz des Geschlechts, vielleicht ursprünglich Gut der Kirche von Reggio[1]), wenn es auch in dem Verzeichnis der Lehen, die Bonifacius von Bischof und Kapitel von Reggio besass, nicht aufgeführt ist. Schenkungen der Markgrafen an das von Thedald in Canossa gegründete[2]) Stift des heiligen Apollonius beweisen[3]), dass dort Allodialbesitz vorhanden war. Überhaupt ist der gebirgige Theil der Grafschaft Reggio das eigentliche Kernland mathildischen Eigenguts.

Hier lagen die Hauptkastelle der Gräfin, so ausser der schon genannten als uneinnehmbar geschilderten Burg Canossa die Bergfesten Bianello, Gesso, Carpeneta, Mandria, Baise und Bismantova, alle Eigenthum des canusinischen Hauses. Denn Canossa, Bianello, Carpeneta, Mandria und Bismantova gehören zu den Orten, die später an die Kurie kommen[4]), und Baise wird mit Carpeneta in der zweiten Hälfte des zwölften Jahrhunderts als zur „domus comitissae Mathildis" gehörig bezeichnet[5]). Nur bei Gesso ist es zweifelhaft, ob es Allod oder Kirchengut gewesen ist: 1134 verfügt Bischof Adelelmus von Reggio darüber[6]), während 1185 Friedrich I die Burg Gesso den damaligen Inhabern von Canossa überträgt[7]), in deren Geschlecht sie von da ab auch verblieb als eins der sogenannten Quattro Castelli.

Die Pleben aller dieser Kastelle besass Mathilde als

---
1) Chron. Noval. V. 11.
2) Ant. Ital. V. 207.
3) Tiraboschi Memorie Modenes. III. 84.
4) Theiner Codex diplom. sanct. sedis. I 45.
5) Ant. It. II. 497.
6) Tiraboschi Mem. Mod. III. 6.
7) Ant. It. I. 610.

Lehen der Kirche von Reggio¹). Dass zu den Burgen auch Höfe gehörten, ist unzweifelhaft. So verfügt Herzog Welf als Inhaber des mathildischen Gutes über den Hof von Bianello²). Ausser diesen festen Burgen, welche die Gräfin meist an ihre getreuen Kapitane und Vasallen vergeben hatte³), finden wir in diesem südlichen Teile der Grafschaft noch eine Anzahl anderer Orte, die Mathilde besass oder in denen sie begütert war. So Serzano, Caviliano und Gazzolo in der Nähe von Canossa und Roncaglio südwestlich von Canossa. An allen diesen Orten war Allodialbesitz vorhanden⁴). In den drei erstgenannten, sowie in San Vitale, Debbia und Giuglia (an dem westlichen Quellfluss der Secchia gelegen) besass Mathilde jedoch auch Kirchengut von Reggio⁵). Das wichtige Castellarano an der Secchia, das Thal derselben und damit auch den Hauptzugang zum Gebirge beherschend, befand sich gleichfalls in den Händen der Gräfin. Auch hier war Allod und Lehensbesitz vorhanden, denn 1092 vergabt Mathilde das Palatium in Castellarano an Kloster Polirone⁶), während sie die Plebis des Ortes sowie die Kirchen St. Prosper und St. Gregor zu Antognano, die sie ebenfalls an Polirone giebt⁷), unzweifelhaft als Lehen der Kirche von Reggio be-

---

¹) Ant. It. III. 183.
²) Ant. It. IV. 208.
³) Sasso von Bianello und Reimund von Baise werden in den mathildischen Urkunden am häufigsten genannt. Vergl. die Regesten.
⁴) Theiner l. c.
⁵) Ant. It. III. 183.
⁶) Reg. 82.
⁷) Ebenda. Es wird in der Urkunde unterschieden zwischen dare = donare, also schenken,. welches Wort bei der Vergabung des Palatium gebraucht wird, und voraus ich auf Vorhandensein von Allod schliesse, und concedere = verleihen. Auch wird bei der Verleihung von St. Prosper ausdrücklich bemerkt, dass dieselbe salvo inre canonicorum und mit besonderer Zustimmung des Bischofs von Reggio geschieht.

sass[1]). Doch hatte auch die Kirche von Parma Eigengut in Castellarano[2]).

Kirchengut von Reggio besass Mathilde ferner in Toano, wo sie das Kastell inne hatte, Quedrziola, Montalto, Vergnano, Pujanello, Albinea und Bibiano[3]), während die Güter, die sie in San Romano und Livizzano (bei Baise), in Farneta (südw. Toano) und in Cervaralo (westl. von Frassinoro, ganz im Süden der Grafschaft) hatte, Eigengut der Parmeser Kirche waren[4]). Rosenna und Paderna bei Canossa, ursprünglich Eigengut der Canusiner, hat Bonifacius an die Kirche von Reggio gegeben[5]). Doch ist anzunehmen, dass er sie als Lehen zurückempfing, denn sie finden sich später, wahrscheinlich als mathildisches Gut, im Besitze des Kaisers Heinrich VI, der sie erst 1193 dem Bischofe von Reggio restituirt[6]).

Nicht weniger ausgedehnt erscheinen die Besitzungen der Grossgräfin in dem nördlichen Teile der Grafschaft, der sich, eine ununterbrochene Ebene darstellend, vom Rande des Apennin bis zum Po hin erstreckte. Die Hauptmasse dieser Güter lag nördlich, östlich, nord- und südöstlich von der Hauptstadt Reggio, weniger im Westen, mit Ausnahme von Modolena, wo Mathilde Kirchenlehen von Reggio besass[7]).

Verfolgen wir die Strasse, die Reggio in südöstlicher Richtung verlässt, so berühren wir Fogliano, Sabbione, Fellegaria, Casalgrande und Dinazzano, Orte, die mit Ausnahme von Fogliano, das Kirchenlehen von Reggio war,

---

1) Ant. It. III. 183.
2) Affò Storia di Parma II. 810.
3) Alle diese Orte liegen östlich und nordöstlich von Canossa, zum Teil schon am Rande des Gebirges.
4) Affò Stor. di Parma II. 812.
5) Ant. It. III. 188.
6) Tiraboschi Mem. Mod. IV. 12.
7) Ant. It. III. 183.

als Allod angesehen werden müssen, da sie später an die römische Kirche kommen[1]). Dagegen besass die Gräfin die Höfe von **Pratissolo, Rondenaria, Borzano** und **Vicomartini**, sowie Besitzungen in **Arceto, Banio, Marmirolo, Prato, Campagnola, San Martino in Rio**, (in den drei letzten Orten das Kastell), **Rubbiera, Razolo, Budrione, Fabrico** und **San Martino in Spino** als Kirchenlehen von Reggio[1]). Daneben war jedoch in Prato, Budrione, San Martino in Rio, Campagnola, Razalo und San Martino in Spino Allodialbesitz vorhanden. Denn San Martino in Rio, Prato und Budrione befinden sich unter den Gütern, die später an die Kurie kommen[2]); in San Martino in Spino giebt Markgraf Bonifacius 1038 durch Tauschvertrag Ländereien an den Bischof von Modena, die sein Grossvater Adalbert-Atto gleichfalls durch Tausch von der Modeneser Kirche erworben hatte[3]); in den Höfen von Budrione, Razolo und Campagnola macht Beatrix 1071 Schenkungen an Kloster Frassinoro[4]), und 1035 Richilde, die erste Gemahlin des Bonifacius in Compagnola an St. Benedikt von Gonzaga[5]). Campagnola scheint demnach zu den Orten gehört zu haben, die Richilde, von deren Reichtum uns zwei Urkunden bei Tiraboschi berichten[6]), ihrem Gemahl mit in die Ehe brachte.

Auch in der Stadt Reggio selbst und ihrer unmittelbaren Umgebung ist Mathilde begütert gewesen. Schon Adalbert-Atto besass hier Allod[7]), und Bonifacius brachte

---

[1]) Theiner l. c.
[2]) Theiner l. c. Die Kastelle von San Martino in Rio und Prato waren nach Ant. It. III. 183 Eigen der Kirche von Reggio.
[3]) Ant. It. III. 177. Rena e Camici, Supplementi, Bonifacio S. 76. Ich citiere Rena immer nach den Ueberschriften, die er den einzelnen Teilen seines Werkes gegeben.
[4]) Fiorentini Mem. d. Math. II. 86.
[5]) Rena e Camici l. c. 64.
[6]) Stor. di Nonant. II. 140 u. 144.
[7]) **Rena e Camici, Adalberto-Atto S. 118.**

1021 verschiedene in und vor der Stadt gelegene Besitzungen an sich¹). Gavassa unweit Reggio scheint auch mathildisches Eigengut gewesen zu sein. Beatrix und Mathilde machen 1072 eine Schenkung von Ländereien in Gavassa an Kloster St. Prosper zu Reggio²), und Herzog Welf VI belehnt 1166 als Herr des mathildischen Gutes Gerhard Rangone mit den Besitzungen der Gräfin in Gavassa³).

Ebenso waren Correggio, wo 1109 auch Dienstleute der Gräfin erwähnt werden⁴), Fosdondo, Canoli, Migliarina, Fossa und Fontana Allodialbesitz des canusinischen Hauses⁵). In Novellaria besass schon Adalbert-Atto Eigengut, wie aus einem Gütertausch mit dem Bischof von Modena hervorgeht⁶).

Unzweifelhaft mathildisches Gut waren sodann die Orte Gonzaga, Pigognaga, Bondeno de Roncore, Bondeno Arduini und Lecto Paludano⁷). Mathilde selbst nennt sie einmal „loci nostri⁸)".

Bei Gonzaga lässt sich die Art des Erwerbes mit Sicherheit feststellen. Es gelangte 967 durch Gütertausch in die Hand Adalbert-Attos⁹). Die Besitzungen in Pigognaga und Lecto Paludano, sowie in Villolae, einem 1200 zerstörten Orte¹⁰), waren wohl von der Abtei San Sisto in Piacenza erworben worden. Jedenfalls hat die Abtei dort ehemals Güter gehabt, denn in allen Bestätigungsurkunden für San Sisto bis 952 hin finden wir unter den dem Kloster bestätigten

---

¹) Tiraboschi Mem. Mod. II. 17.
²) Reg. 4.
³) Muratori Antich. Est. 299.
⁴) Reg. 102.
⁵) Theiner l. c.
⁶) Rena e Camici, Adalberto-Atto. S. 123.
⁷) Theiner l. c.
⁸) Reg. 105.
⁹) Rena e Camici, Adalberto-Atto S. 129.
¹⁰) Annal. Regiens. ed. Dove Doppelchronik von Reggio S. 157.

Orten Pigognaga, Lecto Paludano und Villolae aufgeführt[1]). Von da ab jedoch nicht mehr. Es liegt nahe, anzunehmen, dass diese Besitzungen durch Kauf oder Tausch oder auf irgend eine andere Weise in die Hand Adalbert-Attos oder Thedalds übergegangen sind. Den Zehnten von Gonzaga besass Mathilde als Lehen der Reggianer Kirche[2]; die Pleben von Pigognaga und Bondeno hatte sie gleichfalls von derselben zu Lehen[3]). Immerhin aber war doch hier der Allodialbesitz überwiegend, wie schon aus den bedeutenden Schenkungen hervorgeht, welche die Gräfin hier sowie in den benachbarten Orten Saviola und Roncobonaldo an Kloster Polirone gemacht hat[4]).

Das wichtige Mirandola, wo sich eine feste Burg befand, und das in der Nähe gelegene Quarantola hatte Bonifacius 1049 von der Abtei Nonantola zu Lehen erhalten[2]). Doch ist an letzterem Orte wahrscheinlich auch Allod vorhanden gewesen, denn 1221 finden wir Quarantola, damals im Besitz der Manfredi, deren Ahnherrn Ugo die Gräfin 1115 mit Einwilligung des Abtes von Nonantola Kastell und Hof übertragen hatte[5]), als mathildisches Gut unter der Lehenshoheit der römischen Kirche[6]). Auch in Villolae, einem, wie schon erwähnt, im Jahre 1200 zerstörten Orte, der aber in der Gegend von Mirandola gelegen haben muss, besass Mathilde Eigenthum, wie sich aus ihren Schenkungen an Polirone erweist[7]). Die Plebis des Ortes hatte sie von der Reggianer Kirche zu Lehen[8]).

---
[1]) Affò Stor. di Parma 818, 820, 821, 322.
[2]) Ant. It. III. 183.
[3]) Reg. 123.
[4]) Ant. It. V. 680.
[5]) Reg. 120.
[6]) Tiraboschi Mem. Mod. IV. 74.
[7]) Reg. 128.
[8]) Ant. It. III. 183.

Guastalla und Luzzara waren den Canusinern von der Abtei San Sisto in Piacenza übertragen. Wir besitzen die Belehnungsurkunde nicht mehr. Doch sind die Orte das 10. Jahrhundert hindurch im Besitze der Abtei, und Mathilde restituiert ihr 1102 Guastalla[1]. Die Pleben der Orte besass Mathilde als Kirchenlehen von Reggio. In Gabiana hatte Bonifacius eine Kapelle mit 13. Mansen und in Suzara die Plebes und andere Güter von Bistum Reggio zu Lehen[2]. In Gabiana ist jedoch wahrscheinlich auch Allod vorhanden gewesen, da Mathilde dort Schenkungen an Polirone gemacht hat[3], wie sie denn auch das Recht der Albergarie dort besass[4]. Ausgedehnten Allodialbesitz hatte die Gräffn endlich in Quistello, wie aus wiederholten Schenkungen an Polirone hervorgeht[5], während sich in Gavello und Mandria nur Besitzungen ihrer Vorfahren nachweisen lassen[6].

Aus dieser Zusammenstellung ergiebt sich — und ein Blick auf die Karte wird es bestätigen — dass die Grafschaft Reggio, wenn auch vielleicht nicht den grössten, so doch sicher den wertvollsten Teil der mathildischen Allodial- und Lehensbesitzungen umfasst hat.

2) Grafschaft Modena.

Die Zweite Grafschaft, die bereits Adalbert-Atto besessen hat, ist Modena. Auch hier finden wir eine bedeutende Anzahl von Besitzungen des canusinischen Hauses; doch liegt die Hauptmasse derselben in dem gebirgigen, südlichen Teile, weniger in der sich nach Norden hinstreckenden Ebene.

---

[1] Reg. 57.
[2] Ant. It. III. 188.
[3] Reg. 123.
[4] Reg. 119.
[5] Reg. 82 u. 104. Die Zehnten in Quistello besass sie als Lehen der Kirche von Reggio. Ant. It. III. 188.
[6] Ant. It III. 177.

Ganz im Süden der Grafschaft, bei Pieve Pelagio, in Fiumalbo haben die Canusiner Allodialgut besessen, wie ein Gütertausch zwischen Bonifacius und dem Bischof von Modena 1038 beweist[1]). Gehen wir weiter nach Norden, so kommen wir in die Gebirgslandschaft, die man mit dem Namen Fregnana bezeichnete. Sie ist einer der Hauptsitze der mathildischen Kapitane und Vasallen gewesen, wenn wir auch den Namen derselben in den Urkunden der Gräfin auffallend selten begegenen. Die Frage ist nur, ob die Geschlechter der Fregnana, die wir in der Mitte des 12. Jahrhunderts und später vorfinden, alle als Lehnsinhaber mathildischen Eigenguts anzusehen sind. Mit Sicherheit nachweisen lässt sich dies nur von den Corvuli, den Edlen von Gomula (heute Gombola) und dem Geschlecht des Azzo von Fregnano. Denn als die Corvuli und eine Anzahl anderer leider nicht genannter Kapitane der Fregnana 1156 Bürger von Modena werden, verpflichten sie sich der Stadt gegenüber, gegen jedermann zu Felde zu ziehen, ausgenommen den Herzog Welf „si venerit in Longobardiam et habet dominium possessionis comitissae Mathildis[2]).“

Es sind also nach dieser Urkunde ausser den Corvuli noch andere Edle gewesen, die sich als zur „domus comitissae Mathildis" -- so lautete der Ausdruck jener Zeit — gehörig betrachteten. Ein Corvulus von Fregnano wird in einer Urkunde der Gräfin als Zeuge aufgeführt[3]). Ein Peter von Gomula wird 1112 als Inhaber mathildischen Eigengutes erwähnt[4]), und Azzo von Fregnano ist zu Ende des 12. Jahrhunderts im Besitze meherer mathildischer Allodialgüter[5]).

---

[1]) Ant. It. III. 177.
[2]) Ant. It. IV. 201.
[3]) Reg. 63.
[4]) Reg. 108. Vergl. Fiorentini Mem. d. Math. II. 289.
[5]) Thelner Cod. dipl. I. 61.

Ob aber die Edlen von Varana, Montecuculo, Verucla, Palagano, Casola, Pojano und Campiglio und eine Anzahl anderer mit diesen häufig zusammengenannter Grossen der Fregnana alle auf mathildischem Eigengut gesessen haben, ist nicht mit Sicherheit festzustellen. Möglich, dass viele dieser Edlen ehemaliges Reichsgut inne hatten. Auch sie waren im weiteren Sinne des Wortes mathildische Vasallen denn sie hatten der Gräfin den Treuschwur geleistet, aber nur als der Inhaberin der Reichslehen. Infolge der langen Herrschaft des Hauses Canossa wird sich jedoch der Unterschied, der zweifellos zu Anfang zwischen Allodial- und Reichslehnsvasallen bestand, völlig verwischt haben. Wie die gesammte mathildische Vasallenschaft, so streben im 12. Jahrhundert auch die Edlen der Fregnana danach, unmittelbar unter das Reich zu kommen[1] und scheinen sich damals fast alle zur „domus comitissae Mathildis" gerechnet zu haben. Eine Scheidung zwischen Allod und Reichsgut im mathildischen Gute ist im Laufe des 12. Jahrhunderts jedenfalls nicht vorgenommen worden, auch nicht später, als die kurialen Ansprüche auf das Erbe realisiert wurden. Dass im Jahre 1220 nur derjenige Teil der fregnanenischen Besitzungen der Gräfin in den Besitz der römischen Kirche kam, der in den Händen Azzos von Fregnano war, kann nicht als Gegengrund angeführt werden, da überhaupt zwar ein sehr grosser Teil, aber bei weitem nicht die Gesamtmasse mathildischen Allods an die Kurie gelangte.

Dass Allodialgut der Canusiner in der Landschaft lag, wissen wir übrigens auch anderweitig. Beatrix macht 1071 dem Kloster Frassinoro bedeutende Schenkungen in Vedriola und Pojano[2], und Bonifacius tauscht 1038 mit dem Bischof

---

[1] Noch im Jahre 1229 behaupten die Kapitane der Fregnana, sie hätten seit hundert Jahren unmittelbar unter dem Kaiser gestanden. Tiroboschi Mem. Mod. IV. 96.
[2] Fiorentini Mem. d. Math. II. 86.

von Modena Ländereien in Polinago gegen andere Güter aus¹).

Vor allem war das wichtige M o n b a r a n z o n Eigengut der Mathilde. Die starke Bergfeste lag ganz im Norden der Fregnana, nicht weit von der Ebene entfernt. Die Gräfin hat hier öfters geweilt²), und ein Atto von Monbaranzon findet sich neben Bonvicinus von Canossa als einziger Zeuge in ihrer wichtigsten Urkunde, der Schenkungsurkunde an den heiligen Stuhl vom Jahre 1102³). Das dicht dabei gelegene R o c c a d i S a n M a r i a, auch S. M a r i a i n C a s t e l l o genannt, ist gleichfalls Allod gewesen. Bonifacius erwarb es 1038 durch Tausch vom Bischof von Modena⁴). 1108 schenkt es Mathilde an dieselbe Kirche zurück⁵); das Plebanat des Ortes blieb jedoch in ihren Händen⁶). Auch C a s a l e L i c o g n o⁷) und P a l a n t o⁸) gehörten zum Eigengute⁹), während die Gräfin in C a s a l e P e n n a n i (westl. v. Monbaranzon), Ligorzano (südöstl. v. Monbaranzon), Casalechio und A c q u a r i a in der Fregnana, in S o l i g n a n o¹⁰) am Rande des Gebirges, sowie in F i o r a n o nordöstl. v. Castellarano, bereits in der Ebene) Besitzungen des Kapitels von Parma zu Lehen hatte¹¹). Allod war jedoch der Hof von L i v i z z a n o, den Bonifacius 1038 vom Bischof von Modena erwarb¹¹).

Im Osten der Fregnana, hart an der Grenze des Gebiets von Bologna lagen die gleichfalls zum mathildischen Gute

---

¹) Ant. It. III. 177.
²) Reg. 93, 116, 117.
³) Reg. 59.
⁴) Ant. It. III. 177
⁵) Reg. 92.
⁶) Theiner Cod. dipl. I. 45.
⁷) Südwestl. von Monbaranzon.
⁹) Südöstl. v. Sassuolo.
¹⁰) Theiner l. c.
¹¹) Affò Stor. d. Parma. II. 312.
¹²) Ant. It. III. 177.

gehörigen Kastelle **Montese**, **Montalto** und **Montefortore**. Sie gehören zu Ende des 12. Jahrhunderts zum Lehensbesitze Azzos von Fregnano [1]).

Nördlich davon waren **Castellovetere** an der Nizzola, einem linken Nebenflusse des Panaro, und **Spilamberto** am Panaro selbst Bestandteile des mathildischen Gutes. Schon Bonifacius hatte die Orte von der Abtei Nonantola zu Lehen erhalten [2]). Das südlich von Spilamberto gleichfalls am Panaro gelegene **Savignano** mit seiner festen Burg, sowie der Hof **Clagnano** waren 1034 (oder 1033) dem Bonifacius und der Richilde vom Bischof Ingo von Modena zu precarischem Lehen übertragen worden [3]).

Die bedeutendste Besitzung der Gräfin in dieser Gegend war jedoch der sogenannte Hof **Vilzagara**, ein grosses Gebiet, dessen Grenzen wir noch heute fest bestimmen können [4]). Es erstreckte sich von der Mündung der Nizzola in den Panaro, wo es auch auf das linke Panaroufer übergriff, südwärts den Fluss hinauf bis zu dem schon oben genannten Savignano, von dort in nordöstlicher Richtung dem Gebirgsrande entlang bis zu der Feste Bassano, die bereits im Bolognesischen liegt, von da nordwestwärts dem Bache Muza entlang, dann nördlich bis zur Via Claudia, die zwischen Nonantola und Castellfranco hindurchführte. Drei Orte, **San Cesario**, **Manzolino** und **San Gemminiano** wurden von dem Gebiete eingeschlossen, und viele Kirchen gehörten dazu. Eine grosse Anzahl mathildischer Kapitäne, Vasallen und Valvassoren hatten hier Besitzungen der Grossgräfin zu Lehen [5]). Genannt werden der schon oben erwähnte Peter

---

[1]) Theiner cod. dipl. I. 61.
[2]) Tiraboschi Stor. d. Nonant. II. 349.
[3]) Rena e Camici, Supplementi, Bonifacio S. 3.
[4]) Reg. 108.
[5]) Fiorentini Mem. di Math. II. 239. Bacchini Stor. d. Polirone S. 93.

von Gomula und die edlen Herrn von Sala, die von ihr 13 Mansen in dem an der Muza, nordöstl. von S. Cesario gelegenen S. Marco zu Lehen hatten, und denen Mathilde, als sie 1112 das ganze Gebiet an die regulirten Chorherrn von San Cesario schenkte, gewisse Vergünstigungen sichert[1]).

Diese ausgedehnte Besitzung der Vilzagara war ursprünglich Eigentum der Abtei Nonantola, die sie 1032 und 1034 von mehreren Grafen durch Tausch erworben hatte[2]). Auf welche Weise Bonifacius oder Mathilde in den Besitz dieses Gebietes gekommen sind, ist nicht zu entscheiden. Wie schon gesagt, vergabte Mathilde den ganzen Landstrich 1112 an die regulierten Chorherrn von San Cesario und wiederholte 1115 kurz vor ihrem Tode diese Schenkung[3]).

Wir wissen ferner, dass nach dem Tode der Gräfin die Abtei Nonantola Ansprüche auf die Vilzagara erhob, dass aber 1123 Papst Calixt II. zu Gunsten der Chorherrn von San Cesario entschied, indem er sich darauf berief, es sei schon zu Lebzeiten der Mathilde zur Zeit seines Vorgängers Paschalis durch Zeugen erwiesen worden, dass Bonifacius und Mathilde die Vilzagara 40 Jahre lang besessen hätten, und dass die Gräfin das Gebiet als „paterni iuris praedium" bezeichnet habe[4]). Die Chorherrn sind jedoch nur bis 1134 im Besitze geblieben. In diesem Jahre entzieht ihnen nämlich Innocenz II das ganze Gebiet und schenkt es an Polirone[5]), und Kaiser Lothar bestätigt 1137 diese der Abtei gemachte päpstliche Schenkung[6]). Trotzdem dann 1144 der Abt von Nonantola noch einmal eine Bestätigung der Vilzagara von

---

[1]) Reg. 108.
[2]) Ant. It. V. 436 u. 679.
[3]) Reg. 124.
[4]) Ant. It. V. 257.
[5]) Ant. It. V. 259.
[6]) Stumpf Acta 104.

Konrad III. erwirkt [5]), ist das Gebiet doch nie mehr in den Besitz des Klosters zurückgekommen. Wie man sieht, ist es schwer zu unterscheiden, ob die Ansprüche des Abtes, die doch jedenfalls nicht ohne jeden Rechtsgrund erhoben worden sind, wirklich berechtigt waren oder nicht. Ich möchte der letzteren Annahme beistimmen. Denn es ist höchst auffallend, dass die Gräfin in den Vergabungsurkunden von 1112 und 1115 etwaige Rechte der Abtei Nonantola mit keinem Wort erwähnt, während sie dies sonst niemals bei der Übertragung von Kirchengut zu unterlassen pflegt. Auffallend ist ferner, dass die angrenzenden Besitzungen, die Mathilde von der Abtei zu Lehen hatte, Spilamberto und Castellovetere nach dem Tode der Inhaberin anstandslos wieder an das Kloster zurückfallen, dass die nonantolanischen Güter in Nogara und Zola, die die Gräfin besass, und auch anderweitig vergeben hatte, 1115 gleichfalls wieder in den Besitz der Abtei gelangen. Wenn das bei diesen Gebieten geschah, weshalb nicht auch bei San Cesario und der Vilzagara, so wird man mit Recht fragen.

Demnach kann man wohl mit grosser Wahrscheinlichkeit annehmen, dass die Rechtsansprüche Nonantolas auf das Gebiet durchaus eines genügenden Grundes entbehrten, was ja auch durch den Ausgang der Streitsache bestätigt wird, und wir können nicht anders, als die Vilzagara zum mathildischen Eigengut rechnen, zumal auch die genannten Urkunden von 1112 und 1115 die Schenkung durchaus als eine Schenkung von Allodialbesitz erscheinen lassen.

Wie dem auch sei, jedenfalls ist zu beachten, welch grossen in sich geschlossenen Besitzstand Mathilde in dieser Gegend inne hatte. Denn an die Vilzagara schlossen sich ja im Westen, jenseits des Panaro die Gebiete von Spilamberto und Castellovetere an, und im Süden erweiterten die Höfe von

---

[5]) Tiraboschi Stor. d. Nonant. II. 255.

Savignano und Bassano die Grenzen bis zum Gebirgsthale der Samoggia. Bassano war durch seine Lage äusserst wichtig. Der feste Ort — er gehörte übrigens schon zum Bolognesischen — lag an der Stelle, wo die Samoggia das Gebirge verlässt und beherschte so den Eingang zu demselben. Es war Eigengut der Canusiner: 1038 hatte es Bonifacius durch Tausch vom Bischof von Modena erworben[1]).

Viel weniger ausgedehnt erscheinen die mathildischen Besitzungen in dem nördlichen Teile der Grafschaft.

In Baioaria und Formigine hat Adalbert-Atto 967 Güter mit dem Abt von San Benedetto ausgetauscht[2]). Auch in Compogaiano und dem benachbarten Aguliano lag mathildisches Eigengut, denn 1031 wird Markgraf Bonifacius in einer Schenkungsurkunde zweier Eheleute an Kloster Nonantola überall als Grenznachbar der geschenkten Güter angegeben[3]), und Campogaiano befindet sich unter den Gütern, über die 1215 die römische Kirche verfügt[4]). Letzteres gilt auch von den Orten Carpi, Soleria, Fosso und Gargallo, die demnach auch als Allod der Gräfin anzusehen sind. Doch hatte Bonifacius die Plebis von Carpi von der Reggianer Kirche zu Lehen[5]). Den Hof Gandaceto, sowie Ländereien in Panzano tauscht Bonifacius 1038 gegen andere Güter (darunter das obengenannte Bassano) an den Bischof von Modena aus[6]). Wir dürfen wohl annehmen, dass hier noch weitere Allodialbesitzungen der Canusiner vorhanden waren, wie auch 1178 ein Herr von Panzano ausdrücklich als mathildischer Vasall bezeichnet wird[7]).

---

[1]) Ant. It. III. 177.
[2]) Rena e Camici, Adalberto o Atto S. 129.
[3]) Tiraboschi Stor. d. Nonant II. 167.
[4]) Theiner Cod. dipl. I. 45.
[5]) Ant. It. III. 168.
[6]) Ant. It. III. 177.
[7]) Ant. It. I. 603.

Wie man sieht, lag auch in der Grafschaft Modena ein sehr bedeutender Teil des mathildischen Gutes, und auch hier dürfte, gerade wie in Reggio, der Allodialbesitz der Gräfin mindestens ebenso bedeutend gewesen sein, wie das Kirchengut, das sie zu Lehen hatte.

3) Grafschaft Mantua.

Noch eine dritte Grafschaft, die von Mantua, hatte bereits Adalbert-Atto seinem Hause erworben. Auch hier waren die drei ersten Canusiner bemüht gewesen, grössere Besitzungen in ihre Hände zu bringen. Wir können auf Grund noch vorhandener Urkunden verfolgen, mit welcher Consequenz sie dabei zu Werke gingen. Es handelte sich besonders um die sogenannte Insula St. Benedicti, sowie um die Insel Revere oder Rovere, Gebiete, deren Grenzen sich mit völliger Sicherheit nicht mehr bestimmen lassen, da sich gerade hier in der Pogegend die Bodenverhältnisse hinsichtlich der Wasserläufe, den Po selbst nicht ausgenommen, im Laufe der Jahrhunderte ausserordentlich geändert haben. Nur soviel ist sicher, dass die Insula St. Benedicti damals sowohl südlich als auch nördlich vom heutigen Polauf gelegene Gebiete umfasste, denn südlich des Flusses lag das auf der Insel errichtete Kloster San Benedetto, und nördlich wird Governolo am Mincio unweit der Mündung als zum Gebiete gehörig bezeichnet[1]). Schon 961 erwarb Adalbert-Atto durch Gütertausch mit dem Kapitel zu Reggio einen grossen Teil dieses Landstriches einschliesslich der sogenannten Insel Gorgo[2]), und 969 einen weiteren Teil, wohl nördlich des Po gelegen, vom Bischof von Mantua, ebenfalls durch Tauschvertrag[3]).

---

[1]) Rena e Camici, Adalberto-Atto S. 139.
[2]) Rena e Camici l. c. 118.
[3]) Rena e Camici l. c. 123.

Die Insel Revere umfasste das Gebiet von der Minciomündung aufwärts bis Borbassio und Roncoferrario.[1]) Wahrscheinlich ist auch sie bereits von Adalbert-Atto erworben worden. Beide Besitzungen, St. Benedicti sowohl wie Revere kamen dann nach und nach durch Schenkung an das um 1000 von Thedald als Familienstift begründete Kloster San Benedetto di Polirone. Schon Thedald hatte die Hälfte der Insula St. Benedicti geschenkt[2]), und Mathilde fügte 1106 die andere Hälfte hinzu.[3]) Durch die Freigebigkeit der Gräfin erhielt die Abtei auch die Insel Revere mit Gütern in Borbassio.[4]) Doch lag an letzterem Ort wie auch in Roncoferrario noch mathildisches Eigengut.[4]) In Borbassio wird noch 1101 ein Villikus der Gräfin erwähnt, über dessen Belästigungen das Kloster Klage führt.[5]) Die Albergarie dieses Ortes schenkt Mathilde 1104 an Polirone.[6])

Das oben erwähnte Governolo, ursprünglich canusinisches Eigengut, besass die Gräfin als Lehen von Polirone. Auf ihren besonderen Wunsch hatte ihr der Abt die dortige feste Burg gegen einen jährlichen Zins überlassen.[7]) Die Gräfin hatte sehr oft hier Hof gehalten[8],) und auch Heinrich V. weilte, als er 1116 zur Uebernahme der mathildischen Erbschaft nach Italien kam, fast einen halben Monat in Governolo[9]).

Weiter unterhalb der Minciomündung, aber auf dem rechten Poufer, war Stadt und Festung Revere (nicht zu verwechseln mit der Insel Revere) Eigengut der Grossgräfin. In einer ihrer

---

[1]) Reg. 52.
[2]) Rena e Camici l. c. 189.
[3]) Reg. 82.
[4]) Reg. 52 u. 69.
[5]) Reg. 52.
[6]) Reg. 119.
[7]) Reg. 97.
[8]) Reg. 52, 92.
[9]) Stumpf Reg. 3136—40.

Urkunden spricht sie von „ihren Leuten" in Revere,[1]) und kurz nach ihrem Tode 1116 begegnen uns „ministri Comitissae de Revere" in einer Urkunde Heinrichs V.[2])

Auch an der Ogliomündung lagen mathildische Besitzungen. Wir wissen aus einer Urkunde vom Jahre 1112, dass Peter von Gonzula (heute Gombola) in Scorzarolo, unweit der Ogliomündung, Güter der Gräfin zu Lehen hatte.[3])

In der Pogegend haben wohl auch die Orte Sacca, Septingenti und Carpeneta gelegen, sowie verschiedene andere nicht näher bezeichnete Besitzungen, die sich an den beiden Ufern des Mincio und am Po entlang von der Mündung des Tartaro bis zu der des Oglio erstreckten.[4]) Diese Gebiete waren ursprünglich Eigentum der Arimannen von Mantua; noch 1014 wird ihnen der Besitz derselben durch Heinrich II. bestätigt.[5]) Markgraf Bonifacius muss sich jedoch diese Güter angeeignet haben,[6]) wie er denn überhaupt die Mantuaner sehr bedrückt hat; denn nach seinem Tode wenden sich diese, über „ihre elende Lage und tägliche Bedrückungen" klagend an den Kaiser, der 1055 die hier übrigens nicht namentlich aufgeführten Besitzungen zu restituieren befahl.[7]) Aber dieser Befehl scheint nicht ausgeführt worden zu sein, denn wir finden auch Mathilde in dem Besitz der genannten Güter. Erst 1090 restituiert sie dieselben, unter denen hier wieder Sacca, Septingenti und Carpeneta aufgezählt werden, der Stadt und verspricht zugleich Abschaffung aller gewaltsamen und ungesetzlichen Eintreibungen.[8])

---

[1]) Reg. 78.
[2]) Ant. It. II. 945.
[3]) Fiorentini Mem. d. Math. II. 239.
[4]) Reg. 30.
[5]) Aut. It. IV. 18.
[6]) Reg. 80. Mathilde spricht hier von „communes res civitati (scl. Mantuae) a nostris praedecessoribus ablatae."
[7]) Ant. It. III. 15.
[8]) Reg. 80.

Ein Blick auf die Karte zeigt am besten, wie fest geschlossen auch hier zu beiden Seiten des Po die Besitzungen des canusinischen Hauses waren. Sie bilden von Revere im Mantuanischen über Gabiana, Quistello bis San Benedetto und von da im Reggianischen durch die Orte Bondeno, Pigognaga, Gonzaga, Lecto Paludano, Saviola, Roncobonaldo, Suzara, Luzzara und Guastalla eine ununterbrochene Kette, die dann, wie wir noch sehen werden, im Parmesischen in Kastell Gualterio und Bresello ihre Fortsetzung findet. Und ebenso konnten wir auf dem linken Poufer vom Tartaro über Borbassio, Roncoferrario und Governolo bis zur Ogliomündung bei Scorzarolo Güter der Grossgräfin nachweisen.

Gehen wir den Oglio aufwärts, so finden wir am linken Ufer in S. Maria del Bosco und Campitello mathildische Besitzungen, die die Gräfin als Lehen der Mantuaner Kirche inne hatte.[1])

Auch in und vor der Stadt Mantua selbst hatte Mathilde Allodialbesitz, welcher der Gütermasse entstammte, die Richilde ihrem Gemahl Bonifacius mit in die Ehe brachte.[2]) 1083 schenkt die Gräfin davon an die Kirche des heil. Erzengels Michael in Mantua.[3])

Im Norden der Grafschaft waren Marengo (nördl. v. Mantua) und das Kastell Volta, wo Mathildens Heer am 15. Oktober 1080 jene schwere Niederlage gegen die Anhänger König Heinrichs und seines Gegenpapstes erlitt,[4]) Eigengut der Gräfin. Einen Teil des Waldes von Marengo schenkte sie 1113 an Polirone;[5]) in dem Orte selbst hat sie häufig geweilt.[6]) Die Hälfte von Hof und Kastell Volta kam 1079

---

[1]) Affò Stor. d. Parma II. 887.
[2]) Tiraboschi Stor. d. Nonant. II. 140.
[3]) Reg. 28.
[4]) Giesebrecht III, 528. 5. Aufl.
[5]) Reg. 118.
[6]) Reg. 6, 13.

durch Schenkung der Beatrix an die Kathedrale von Mantua[1]) und Mathilde vervollständigte 1079 diesen Besitz durch die Schenkung aller ihrer Hörigen beiderlei Geschlechts in Volta und Umgebung, die mit Namen aufgeführt werden und durch ihre Anzahl — es sind ungefähr 85 Personen — einen Schluss auf die Ausdehnung der Besitzung zulassen.[2])

Endlich war noch Puzzoli oder Putheoli (südöstl. von Volta) Allod des canusinischen Hauses. Bonifacius erwarb es 1022 durch Tausch von der Cremoneser Kirche.[3])

Es ergiebt sich aus vorstehender Zusammenstellung, dass auch in der Grafschaft Mantua bedeutende und zwar eng zusammenhängende Besitzungen der Grossgräfin vorhanden gewesen sind. Die beiden Poufer waren, soweit sie zu Mantua gehörten, fast ganz mathildisch, und ferner konnten wir am Mincio und Oglio, sowie in den nördlichen Teilen der Grafschaft canusinische Besitzungen nachweisen. Was die Art des Erwerbes betrifft, so sahen wir, dass ihre Hauptmasse durch Tausch erworbenes Kirchengut gewesen ist.

4. Grafschaft Brescia.

Thedald war es, der seinem Hause eine vierte Grafschaft, die von Brescia, erwarb, zu der damals auch noch grosse Teile des Cremoneser Gebietes gehörten.[4]) Aber schon früher waren die Canusiner hier zu ansehnlichem Besitz gelangt, zu dem die Heirat Adalbert-Attos mit einer Supponide wahrscheinlich den Grund gelegt hat.[5]) 1019 überlassen Bonifacius

---

[1]) Reg. 8.
[2]) Reg. 22.
[3]) Rena e Camici, Supplementi, Bonifacio S. 59.
[4]) Casteldidone wird 1010 ausdrücklich als „in comitatu Brixian. gelegen bezeichnet. Tiraboschi Stor. di Nonant. II. 140. Vergl. auch Breslau Konrad II. l. c. S. 487.
[5]) Vergl. Scheffer-Boichorst, Friedrichs I letzt. Streit mit d. Curie S. 16, und R. Jung, Herzog Gottfried der Bärtige S. 10.

und Richilde der Kirche von Cremona die Zehnten einiger Kirchen im Cremoneser Gebiet.¹) 1022 findet ein Gütertausch zwischen Bonifacius und Richilde einerseits und dem Bischof Landulf von Cremona anderseits statt. Der Bischof giebt dem Markgrafen einen Hof in **Urso Casale** mit Kastell und Plebis und sodann eine grosse Anzahl von kleinen Besitzungen an Orten, deren Lage meist nicht mehr zu bestimmen war, die aber doch wohl grösstenteils in der Grafschaft Brescia einschliesslich Cremona zu suchen sind.²) Dagegen überlässt Bonifacius dem Bischof einen Hof in **Piadena**.³) Die Burg von **Piadena** scheint dagegen in den Händen der Canusiner geblieben zu sein, vielleicht als Lehen der Cremoneser Kirche. Mathilde hat oft dort geweilt, zwei ihrer Urkunden sind hier ausgestellt.⁴) Möglich ist auch, dass sie hier noch Allodialbesitz hatte.

Zu diesem gehörten auch die Güter, welche Richilde ihrem Gemahl Bonifacius mit in die Ehe brachte. Vor allem zählten **Casteldidone**, südlich von Piadena gelegen, ferner Besitzungen in **Corregio Verde** am linken Poufer und in der Vorstadt von Cremona dazu⁵).

Waren die bisher genannten Besitzungen unzweifelhaft Allodialgut, so ist dagegen die sogenannte **Insula Fulcherii**, die sich auch im Besitze der Grossgräfin und ihrer Vorfahren befand, wohl als Lehen des Reiches anzusehen⁶). Heinrich III verfügt um 1045 darüber und belehnt den Bischof Ubald von Cremona mit dem ganzen „districtus insulae Fulcherii, sicut tenuit Bonifacius".⁷) Der Markgraf hatte das Gebiet jeden-

---

¹) Ant. It. I. 297.
²) Rona e Camici, Supplementi, Bonifacio S. 59.
³) Ebenda.
⁴) Reg. 84 u. 85.
⁵) Tiraboschi Stor. d. Nonant. II.
⁶) Vergl. Bresslau, Konrad II, S. 437.
⁷) Ant. It. I. 1001.

falls als Herr der Grafschaft Brescia besessen Aber jene Uebertragung an den Bischof von Cremona scheint gar keine oder doch nur vorübergehende Bedeutung gehabt zu haben. Denn wir finden Mathilde später wieder im Besitze des Gebietes, mit dem sie 1098 die Commune von Cremona an Stelle des Bistums belehnt[1]), und welches hier zuerst als comitatus insulae Fulcherii bezeichnet wird. Über die Ausdehnung des Gebietes lässt sich streiten. In den späteren Urkunden erscheint es bald mehr, bald weniger gross. 1159 wird als Südgrenze Pizzighettone, als Nordgrenze Pontirolo angegeben[2]). In zwei späteren Urkunden erscheint das Gebiet nach den aufgezählten Orten etwas beschränkter[3]). Im grossen und ganzen hat es den Landstrich zwischen Adda und Oglio umfassst.

Dass ausser den namentlich aufgeführten noch eine Reihe anderer mathildischer Besitzungen in der Grafschaft Brescia gelegen haben, ist sicher. So hat Mathilde, wie aus einer Bestätigungsurkunde Kaiser Lothars hervorgeht, dem Kloster Monticelli (südwestlich von Cremona) viele Güter zugewandt[4]), und wir dürfen annehmen, dass eine Reihe von Orten, die 1010 als Gut der Richilde, der ersten Gemahlin des Bonifacius, bezeichnet werden[5]), hier zu suchen ist.

Wie man sieht, sind die canusinischen Besitzungen in der Grafschaft Brescia zum grössten Teile Allod gewesen und stammen zumeist aus dem Heiratsgute, das die Gemahlinnen des ersten und des dritten Grafen von Canossa ihren Gatten mit in die Ehe gebracht.

---

[1]) Reg. 35.
[2]) Böhmer Acta 101.
[3]) Ant. It. II. 79 und IV. 231.
[4]) Die Urkunde ist v. Jahre 1186. Vergl. Stumpf Acta 102.
[5]) Tiraboschi Stor. d. Nonant. II. 140.

5) Grafschaft Ferrara.

Die fünfte und letzte Grafschaft, die sich die Canusiner erworben, war Ferrara, wahrscheinlich, wie Ficker darlegt¹), als Lehen der römischen Kirche. Auch hier sind die Besitzungen der Grossgräfin sehr bedeutend gewesen, vor allem die Kirchengüter, die sie inne hatte. So besass sie in Massa am Po Kirchengut von St. Peter in Bologna²) zu Lehen, das sie 1115 an Polirone überträgt³). Demselben Kloster schenkte sie auch das Fisch- und Waldrecht in Massa, sowie die Kirche San Benedetto in Ficarolo (am Po, unterhalb Massa)³). Auch in der Stadt Ferrara selbst hat sie Kirchengut besessen.

Ausgedehntere Kirchenlehen hatte Mathilde vom Bischof von Ferrara inne, so Butrignano am Po, Villa Comite, Panziano, Manozo, Villanuova, Bagnolo (nördl. v. Ficarolo), Flosso, Filzatico, Runzi und Sadriano. Alle diese Orte, die am linken Poufer liegen, restituiert die Gräfin 1109 dem Bischof Landulf von Ferrara⁴).

Sehr bedeutend war auch der canusinische Allodialbesitz in der Grafschaft. Dazu gehörte die Hälfte von Hof und Kastell **Trecentola**, welches 1016 von Heinrich II als eingezogenes Gut rebellischer Grafen an Richilde geschenkt wurde⁵). Dies grosse Gebiet, das sich von Pons Ducis im Modenesischen nordwärts bis nach Bondeno (in d. Grafsch. Ferrara) erstreckte⁶), kam jedoch bereits 1017 durch Schenkung an Kloster Nonantola⁷). Aus dieser Schenkungsurkunde geht

---

¹) Forsch. II. 316.
²) Vergl. Giesebrecht III. S. 1222 Anmerk. 1. 5. Aufl.
³) Reg. 107.
⁴) Reg. 98.
⁵) Rena e Camici, Supplementl, Bonifacio S. 51.
⁶) Tiraboschi Stor. d. Nonant. I. 284.
⁷) Rena e Camici l. c. 53.

zugleich hervor, dass Bonifacius und Richilde in Trecenta[1]) und Umgebung gleichfalls Allodialgüter besassen.

Im Jahre 1103 giebt Mathilde das dicht bei Ferrara gelegene, sogenannte „castrum Thedaldi"[2]) sowie ihren gesamten Eigenbesitz in der Grafschaft Ferrara[3]) an die Abtei Nonantola, wobei sie bemerkenswerter Weise so stark wie nirgends anders mehr betont, dass die römische Kirche laut ihrer Schenkung die eigentliche Besitzerin jener Güter ist[4]).

Man hat bisher mit dieser unbestimmten Angabe nichts anzufangen gewusst. Was gehörte denn alles zu diesem mathildischen Eigenbesitz in der Grafschaft?

Die Urkunden der Gräfin selbst geben keinen Aufschluss darüber. Erst Winkelmann hat umfangreiche mathildische Allodialgüter im Gebiete von Ferrara angenommen, und zwar bezeichnet er die sogenannte Massa Fiscaglia, einen ausgedehnten Landstrich am unteren Po als zum mathildischen Erbe gehörig[5]). Diese bedeutende Besitzung wurde, nachdem sie in den Wirren nach Heinrichs VI Tode von der Stadt Ferrara occupiert worden war, im Jahre 1221 als Eigentum der römischen Kirche von dem Kardinallegaten Hugo oder Hugolin von Ostia zurückgefordert und nach Verhängung des Interdicts über die anfangs wiederspenstige Stadt auch in der That dem heiligen Stuhl zurückgegeben[6]).

Ich kann jedoch der Annahme Winkelmanns nicht zu-

---

[1]) Vielleicht Trecenta am Tartaro.
[2]) Der Ort ist heute nicht mehr vorhanden. Wahrscheinlich bildet er jetzt einen Theil der Stadt.
[3]) Omnes res territorias, quas in toto comitatu Ferrariae videor possidere Ant. It. V. 655.
[4]) Reg. 61.
[5]) Friedrich II, S. 102 u. S. 170.
[6]) Vergl. Registri dei cardinali Ugolino d'Ostia e Ottaviano degli Ubaldini, ed. G. Levi, im Istituto storico Italiano, Roma 1890, III. XXXXII, XXXXV, LIV.

stimmen. Wahrscheinlich stützt sie sich darauf, dass in den Jahren 1220 und 1221 vielfach von den lombardischen Communen occupierte Theile des mathildischen Landes der Kirche restituiert wurden. Daraus folgt aber doch nicht, dass nun auch die Massa Fiscaglia ein Bestandteil dieses Landes gewesen sein muss. Vielmehr sprechen sehr gewichtige Gründe dagegen. Vor allem enthalten die im Istituto storico Italiano publicierten, zwischen der Kurie und Ferrara über die Restitution der Massa Fiscaglia gewechselten Schriftstücke kein Wort, aus dem man schliessen müsste, dass das Gebiet zum Erbe der Gräfin gehört hat. Das gänzliche Fehlen eines solchen Hinweises scheint mir doch sehr bedenklich. Wenn das Gebiet überhaupt zum Allod der Gräfin gehörte, so musste das auch in den oficiellen Actenstücken erwähnt werden; denn bei der Recuperation aller anderen mathildischen Landesteile durch die Kurie wird in den darauf bezüglichen Urkunden ausnahmslos betont, dass der heilige Stuhl sie als Erbe der Gräfin in Besitz nehme. Sollte der Papst nun gerade in den Händeln mit der Stadt, die sich am zähesten gegen die Herausgabe der occupierten Gebiete wehrte, mit Ferrara, den Rechtstitel verschwiegen haben, auf Grund dessen er die Güter doch nur beanspruchen konnte? Man wird zugeben müssen, dass das sehr unwahrscheinlich ist.

Meines Erachtens kann ein zwingender Beweis, dass die Massa Fiscaglia ein Bestandteil des mathildischen Erbes gewesen ist, auf Grund des gegenwärtig bekannten Quellenmaterials nicht erbracht werden. Die Möglichkeit ist ja vorhanden, aber das wahrscheinlichste bleibt doch, dass das Gebiet niemals zum Eigengute der Gräfin gehört hat. Auch die obenerwähnte urkundliche Angabe der Gräfin selbst, dass sie ihr gesamtes Allod in der Grafschaft Ferrara an die Abtei Nonantola gegeben, wird man nicht auf die Massa Fiscaglia beziehen können, da dann doch später von den Rechten der Abtei hätte die Rede sein müssen.

6) Grafschaft Verona.

Ebenso bedeutend, wie in Ferrara, sind die Besitzungen des Hauses Canossa in der Grafschaft Verona gewesen. Die Erwerbungen, die hier gemacht wurden, stehen in unmittelbarem Zusammenhange mit den mantuanischen Gütern. Schon Bresslau hat darauf hingewiesen[1]), wie gut man das Bestreben der Canusiner, auch in dieser Grafschaft festen Boden zu gewinnen, verfolgen kann.

Bereits Thedald hatt sich um 993 den zum Bistume Verona gehörigen Hof Riva am Gardasee widerrechtlich angeeignet, war jedoch vom Gericht des Herzogs von Kärnthen zur Herausgabe verurtheilt worden[2]). Wahrscheinlich hat er diesem Spruche folge leisten müssen, denn wir finden keinen Beleg mehr dafür, dass Riva später noch in Händen der Canusiner ist.

Dem Kloster St. Zeno in Verona gegenüber war Bonifacius glücklicher. Er hatte mit demselben einen Tauschvertrag geschlossen, dann aber die ausgetauschten Güter Fatuledo, Bonferrario (westl. v. Nogara) und Umbigozzo wieder an sich gebracht, eine Gewaltthätigkeit, über welche der Abt nach dem Tode das Markgrafen beim Kaiser Klage führte, der 1055 die Herausgabe aller klösterlichen Besitzungen befahl, die Bonifacius und seine Leute wider Recht und durch Gewalt sich angeeignet hätten[3]). Welche Güter hier gemeint waren, geht aus einer von demselben Tage datierten Bestätigungsurkunde hervor[4]). Dort werden ausser den genannten Fatuledo, Bonferrario und Umbigozzo noch ferner genannt: Ein Wald bei Fissaro, angrenzend an Roncocarello

---
[1]) l. c. S. 438.
[2]) Ughelli It. sac. V, 747.
[3]) Muratori Antich. Est. I. 6.
[4]) Rena e Camici, Supplementi, Bonifacio S. 93.

und ein Wald bei Casaleone am Tataro. Wir wissen ferner, dass Trebuntiolo Eigentum des Klosters war¹). Wenn nun Beatrix und Mathilde im Jahre 1073 dem Kloster alle die eben genannten Orte: Bonferrario, Umbigozzo, Roncocarello, Fatuledo und Trebuntiolo restituieren²), so folgt daraus, dass man 1055 dem kaiserlichen Befehl entweder gar nicht oder nur vorübergehend Folge geleistet hat, dass vielmehr die Abtei gezwungen worden ist, auch die Erben des Markgrafen im Lehnsbesitz der Güter zu lassen. Ob die Ländereien bei Fissaro, in Tomba, Casale und St. Cassiano (östl. v. Governolo am link. Mincioufer) und bei Casaleone, über die Mathilde noch später wiederholt zu Gunsten von Polirone verfügt³), Allod oder gleichfalls Kirchengut von St. Zeno gewesen sind, ist nicht mehr zu bestimmen.

Weniger gewaltthätig war Bonifacius bei der Erwerbung des wichtigen Kastells Cereta, das er durch Vermittlung eines gewissen Isnardus 1042 vom Veroneser Domkapitel zu Lehen empfing⁴). Mathilde gab es später an Richilde, die Gemahlin eines Grafen Bonifacius, auf deren Sohn, den Grafen Albert — es ist derselbe Albert, den wir nach dem Tode Heinrichs V als Haupt der mathildischen Vasallenschaft und als Inhaber des mathildischen Gutes finden es dann durch Erbschaft überging⁵).

Eine weitere grosse Besitzung der Canusiner in der Grafschaft war Hof und Kastell Nogara, das Richilde ihrem Gemahl Bonifacius mit in die Ehe brachte, ursprünglich Eigengut, da die Gräfin es durch Kauf erworben⁶). Aber schon

---

¹) Aus einer Bestätigungsurkunde Heinrichs II. für St. Zeno vom Jahre 1014. Ant. It. II. 798.
²) Reg. 6.
³) Reg. 67, 71 u. 171.
⁴) Rena e Camici. Supplementi, Bonifacio S. 80.
⁵) Ficker Forsch. IV. 160.
⁶) Tiraboschi Stor. d. Nonant. II, 140 u. 144.

Bonifacius und Richilde gaben es an Kloster Nonantola, von dem sie es dann als Lehen zurückerhielten [1]). 1088 überlässt Mathilde der Abtei die Kirche St. Silvester [1]) und 1114 einige Ländereien in Nogara [2]). Sie selbst hat häufig dort Hof gehalten [3]).

Angiari an der Etsch, das gleichfalls zu dem Gute Richildens gehörte [3]), Besitzungen in Castell d' Azzano (südw. v. Verona) und Caserbe, die Bonifacius 1022 durch Tausch von der Cremoneser Kirche erwarb [4]), sind demnach auch zum Allodialgute der Gräfin zu rechnen.

Wie wir sehen, bestand der grösste Teil der mathildischen Besitzungen in der Grafschaft Verona aus Eigengütern, die dann freilich vielfach an Kirchen und anderweitig vergeben worden sind.

7) Romagna.

Neben den Comitaten Modena und Reggio war es besonders die Romagna, wo ein grosser Teil des mathildischen Allodialbesitzes vorhanden gewesen ist. Im Norden war Argelate, im Westen das feste Kastell Medicina mathildisches Eigengut. Beide Orte kommen später an die Kurie [5]); in Argelate macht die Gräfin wiederholt Schenkungen [6]).

Allodialgut war ferner Kastell und Hof Zola, sowie der Hof Rigosa, beide westlich von Bologna an einem linken Nebenfluss des Reno gelegen. Beatrix erscheint, als sie 1052 dem Kloster S. Maria in Fenonica eine Kirche in Rigosa

---

[1]) Reg. 29.
[2]) Reg. 118.
[3]) Reg. 29, 67, 82.
[4]) Rena e Camici l. c. S. 59.
[5]) Teiner Cod. dipl. I. 45.
[6]) Reg. 75, 91.

schenkt, in der Urkunde überall als Grenznachbarin[1]). Mathilde hat 1103 diese Besitzungen zusammen mit dem schon genannten castrum Thedaldi der Abtei Nonantola gegeben[2]). Dennoch verfügte die Gräfin später noch über Teile dieser Güter. Sie gab 1108 den Brüdern Hildebrand und Guido einige Joch Ackerlandes in Zola und Rigosa sowie im Hofe Gesso mit der Bedingung, die in der Nähe gelegene Burg Rocca di Gessadello zu bewohnen und zu bewachen[3]). Kurz nach dem Tode der Gräfin werden freilich die Brüder auf Klage des Abtes von Nonantola im Gerichte eines kaiserlichen Missus gezwungen, diese ihnen von Mathilde verliehenen Besitzungen wieder herauszugeben[4]). Den Hof Gesso und die Burg Gessadello wird man demnach auch als mathildisches Allod ansehen müssen.

In Cento (am Reno, nördl. v. Bologna) lassen sich nur Besitzungen Adalbert-Attos nachweisen, die er 967 durch Tauschvertrag verliert[5]).

Südlich von Bassano, das bereits in anderem Zusammenhange als mathildisches Gut erwähnt wurde[6]), war die wichtige Feste Monteveglio im Besitze der Gräfin. Die dortigen Kapitane werden 1196 als mathildisch bezeichnet[7]), und 1199 beruft sich die Stadt dem Papste gegenüber auf ihre Zugehörigkeit zum Erbe der Grossgräfin[8]).

Zahlreicher waren die Besitzungen des Hauses Canossa in den südlichen und südwestlichen Teilen des Bolognesischen Gebietes, und zwar ist es vornehmlich Allodialgut, was wir

---

[1]) Rena e Camici, Supplementi, Bonifacio S. 25.
[2]) Reg. 61.
[3]) Reg. 94.
[4]) Tiraboschi Stor. d. Nonant. II. 227.
[5]) Rena e Camici, Adalberto-Atto S. 129.
[6]) Vergl. oben S. 22.
[7]) Heinrich VI bestätigt ihnen die von Mathilde erhaltenen Privilegien. Savioli Annal. Bolog. II. 2. 191.
[8]) Theiner Cod. dipl. I. 31.

hier vorfinden. Im Südwesten schliessen sich an die in der Grafschaft Modena liegenden und bereits genannten[1]) Besitzungen Montalto und Montetortore die Orte **Rofeno** mit Hof und Plebanat, **Labanto, Castelnuovo, Fusiano, Arimannis,***) **Rodiano, Calvezano, Pradi** und **San Pietro** an, zum Teil zwischen der modenesischen Grenze und dem Reno, zum Teil am Reno selbst gelegen. Alle diese Orte befinden sich 1220 als mathildisches Gut in den Händen der Kurie[2]).

Eine Fortsetzung finden diese Besitzungen nach Süden hin auf dem rechten Ufer des Reno bis tief in die Gebirgsthäler am Hauptkamme des Apennin hinein. Dort lag zunächst zwischen dem Reno und seinem zweiten rechten Nebenflusse **Savignano**, dessen Inhaber Lanfrank in den mathildischen Urkunden häufig genannt wird[3]), dann weiter südlich **Casio, Fossato, Torri, Rocca de Vico, Mucone, Bargi, Barigazza, Badi, Pilliano** und **Creta**, endlich **Serravallese, Rocca di Conflente, Monticelli, Castreola, Limango** und **Pidierla**. Alle diese Orte sind um 1220 im Besitz der römischen Kurie, die sie ihrem bisherigen Lehensinhaber, dem Grafen Albert von Prato, bestätigt[4]).

Ganz im Südwesten an der Quelle des Reno und dessen erstem rechten Nebenflusse, der Limentra, zum Teil schon auf dem Gebiete der Grafschaft Pistoja lagen gleichfalls mathildische Besitzungen. So **Bombiana**, noch im Bolognesischen, auf dem linken Renoufer gelegen. Mathilde schenkt dort 1098 48 Joch Ackerlandes und das Weide- und Holzrecht im dortigen Walde dem Hospital von Bombiana[5]). Sodann

---

[1]) Vergl. oben S. 18.
[2]) Theiner Cod. dipl. I. 61.
[3]) Reg. 82, 91, 128.
[4]) Theiner Cod dipl. I. 61.
[5]) Reg. 36.

*) Den Namen des Ortes habe ich, da er nicht aufzufinden war, in der in den Urkunden gebrauchten Form angeführt.

ausgedehnte Besitzungen im Quellgebiet des Reno und der Limentra, in der Gegend, wo Kloster Fontana Taoni lag, mit den Orten Casale, Collis Barbatoli und Plonte, die von Mathilde dem genannten Kloster gegeben wurden[1]). Es waren dies Besitzungen, die sich bis in die Ebene um Pistoja erstreckten. Ob hier Kirchengut oder Allod vorliegt, ist nicht zu entscheiden. Möglich ist, dass manches der Kirche von Pistoja gehörte, wie dies von der Kirche S. Maria di Piunta feststeht, die Mathilde mit Zustimmung des Bischofs von Pistoja gleichfalls dem obengenannten Kloster überträgt[2]). Jedenfalls waren schon die ersten Canusiner in diesen Gebirgsthälern begütert, da Bonifacius bereits im Jahre 1004 den Ort Bonifazingo an Kloster Fontana Taoni geschenkt hat[3]). An der Limentra lag auch der Hof Pavana mit dem Kastell Sambuca, die beide im Besitz der Grossgräfin gewesen sind. Sie restituiert dieselben auf richterlichen Spruch des Cardinallegaten Bernhard 1104 dem Bischof von Pistoja[4]). Demnach scheint sie in unrechtmässigem Besitze der Güter gewesen zu sein. In der Romagna hat endlich auch die Burg Scanello gelegen, deren Hof Mathilde 1078 an Kirche und Kapitel von Pisa geschenkt[5]).

Aus dem allem ergiebt sich, dass in der Romagna die Hauptmasse der mathildischen Besitzungen aus Allodialgütern bestanden hat.

8) Lucca und die Garfagnana.

Nach einer Ueberlieferung stammte Siegfried, der Vater Adalbert-Attos, aus der Grafschaft Lucca[6]). In der That

---

[1]) Rena e Camici, Averardo di Lutra. S. 24.,
[2]) Reg. 87.
[3]) Ant. It. I. 265.
[4]) Reg. 70.
[5]) Reg. 18.
[6]) Rena e Camici, Adalberto o Atto S. 119.

finden wir dort eine Reihe canusinischer Güter, besonders in der Garfagnana und Versilia, deren Gebiete ja zum grössten Teil zu Lucca gehörten.

Es tritt uns hier zum ersten Male der Fall entgegen, dass wir urkundlich eine Verfügung der Mathilde über Reichsgut nachweisen können. Die Gräfin giebt nämlich 1099 an Kloster St. Pontiano zu Lucca ein Stück Landes „quae ad publicum marchiae olim pertinuit[1]".

Mathildisches Eigengut ist vornehmlich in der Garfagnana und Versilia vorhanden gewesen. In der Garfagnana gehörten die Orte Barga, Castellione, Corelia, Cicerana, Chinizana und Cotrone, die um 1220 im Besitze der Kurie sind[2]), zum canusinischen Hausgut. Wahrscheinlich sind auch eine Anzahl der grossen Vasallengeschlechter in der Garfagnana und Versilia Lehnsinhaber mathildischen Allods gewesen. Ob man dies aber von allen, die später genannt werden, behaupten kann, ist doch zweifelhaft. Ficker meint[3]), es ginge wohl auf mathildische Rechte zurück, wenn Friedrich I. 1185 die Vasallen und Leute der Garfagnana und Versilia unmittelbar unter das Reich nimmt und sie von jeder anderen Gewalt freispricht[4]). Das ist unzweifelhaft; nur ist es nicht festzustellen ob sich jene Rechte der Gräfin auf Reichslehns — oder auf Allodialbesitz stützen. Zwar spricht vieles für die letztere Annahme. In jener obenerwähnten Urkunde Friedrichs I. werden nämlich zusammen mit den Kapitanen nnd Vasallen auch die Leute von Barga, Castellione, Cicerana und Fosciana genannt, von Orten also, die mit Ausnahme des letzten später als mathildisch in den Besitz der Kurie kommen. Dies mag wohl vereint mit der gleichfalls urkundlichen Nachricht,

---

[1]) Reg. 40.
[2]) Theiner Cod. dipl. I. 62.
[3]) Forsch. II. 201.
[4]) Pacchi, Ricerche istoriche sulla provincia della Garfagnana S. 14.

dass Mathilde in Barga Rechte besessen hat[1], Ficker Veranlassung gegeben haben, auch alle dort genannten Vasallen als Inhaber mathildischen Gutes zu betrachten. Die Namen derselben sind folgende: In der Garfagnana die Herren von Doraio, von Gragnana, von Verucula Gherardenga, von Villa, von Bacciano und Careggine, die Edlen aus der Casa Rolandenga, der Casa Sofredinga, der Casa Porcaria, und von Celabarotti, in der Versilia die Herren von Montemagno, von Valecchia, von Corvaria, die Ubaldi und die Trufe di Castel' Aginolfo.

Es ist auffallend, dass uns keiner von diesen Namen in den mathildischen Urkunden begegnet. Nur der als Vasall der Gräfin so häufig vorkommende Paganus von Corsina, der auch nachweislich in der Garfagnana begütert gewesen ist[2], hat der Casa Porcaria angehört.

Auffallend ist ferner, dass wohl die Leute der Orte Barga, Castellione u. s. w. 1220 an die Kurie kommen, dass aber kein einziger Vasall als Inhaber mathildischen Gutes erwähnt wird. Erst 1228 leisten die Kapitane der Garfagnana und Versilia dem Papste den Eid der Treue[3], wobei freilich nur die Celabarotti, die Herrn von Careggine, Anchiano und Bacciano genannt werden.

Immerhin muss man daraus folgern, dass diese Edlen Inhaber mathildischen Eigenguts gewesen sind. Ob das aber von allen 1185 von Friedrich unmittelbar unter das Reich genommenen gilt, ist doch fraglich.

Dass die Gräfin in der Garfagnana Eigengut besass,

---

[1] Friedrich I. sichert 1185 den Leuten von Barga alle Güter und Rechte, die sie zur Zeit der Gräfin Mathilde gehabt. Ficker Forsch. IV. 200.

[2] Reg. 74.

[3] Garampi, Illustrazione di un antico sigillo della Garfagnana, S. 14.

wissen wir auch anderweitig. 1078 schenkt sie ihren Teil der Bergfeste Diecimo, an der Mündung des Pedogne in den Serchio gelegen, an die Kirche von Lucca[1]).

9) Pisa.

Im Gebiete von Pisa hat Mathilde nur wenige Besitzungen gehabt. 1103 giebt sie Hof und Burg Livorno, Hof und Burg Papiani (nördl. v. Pisa) und ein Stück Land in der Stadt Pisa selbst dem dortigen Kapitel zur Vollendung des Dombaues[2]). Aus den Worten der betreffenden Urkunde — es heisst reddendo concedimus et concedendo reddimus — muss man schliessen, dass die genannten Güter ursprünglich Eigentum des Kapitels gewesen sind, und dass Mathilde oder ihre Vorfahren dieselben als Lehen inne gehabt oder sich gar in unrechtmässigem Besitze befunden haben.

Dass die Gräfin dem Kapitel Schenkungen gemacht hat, wissen wir auch aus einer Urkunde von 1147[3]). Doch werden die Namen der geschenkten Besitzungen hier leider nicht genannt.

1113 bestätigt Mathilde dem Gualando aus Pisa die Hälfte des Waldes Parentini, die bereits dessen Grossvater „ex marchia" gehabt hat, also zweifellos Reichsgut[4]). Derselbe Gualando lässt sich dann 1117 von Rabodo, dem vom Kaiser ernannten Markgrafen von Tuscien, alle die von Mathilde „ex marchia" erhaltenen Lehen bestätigen[5]).

---

[1]) Reg. 21.
[2]) Reg. 62.
[3]) Ficker, Forsch. IV. 158.
[4]) Reg. 110.
[5]) Ant. It. I. 816.

10) Grafschaft Parma.

Man hat bisher die Besitzungen der Grossgräfin in der Grafschaft Parma für ausgedehnter gehalten, als sie wirklich sind. Weil der Südosten der Grafschaft an diejenigen Teile des Reggianer Gebietes grenzt, wo sehr viel canusinisches Eigengut gelegen war — lag doch Canossa hart an der Grenze — so sollte man auch im Parmesischen viel Allodialbesitz vermuten. Und doch ist verhältnismässig sehr wenig davon in dieser Gegend vorhanden gewesen. Ausser einigen Besitzungen in **Selvapiana** und **Vedriano**, die Adalbert-Atto 958 ankauft[1]), ist dort kein Eigengut nachzuweisen.

Dagegen lagen hier in dem gebirgigen Südosten der Grafschaft eine Reihe von Orten, die Bonifacius vom Parmeser Domkapitel zu Lehen hatte, so **Casale Palanzano, Castagneto, Campiano, Monte Bracolo, Santo Leucado** und andere[2]).

Allodialgut finden wir indessen wieder in dem bereits in der Ebene liegenden **Monticelli**, wo 1114 Ministerialien und und Arimannen der Gräfin erwähnt werden[3]), und in **Sorbolo**, wo Bonifacius Güter an Kloster Bressello geschenkt hat[4]). Doch ist in Monticelli auch die Kirche von Parma begütert gewesen[5]).

Grösseren Allodialbesitz hatten sich die Canusiner im Norden der Grafschaft, in der Pogegend erworben. Thedald hatte hier das **Kloster Bressello** gestiftet und mit Gütern ausgestattet, darunter das Kastell **Pletium**,[5]) und Bonifacius hatte durch Schenkungen in **Ciano, Bonciola** (dicht bei Parma) **Forciano** und a. O., sowie durch Zuwendungen im

---

[1]) Rena e Camici, Adalberto-Atto S. 116.
[2]) Affò Stor. d. Parma II. 812.
[3]) Reg. ~~116.~~ 115
[4]) Affò Stor. d. Parma II. 842.
[5]) Den Ort habe ich nicht aufinden können.

Comitat von Reggio den Besitz des Klosters vermehrt[1]). Mathilde fügte dann 1099 noch die Burg von Bressello, Ländereien in den Orten Bisrupto, Sacca und St. Giorgio (letztere westl. von Bressello), sowie eine Reihe anderer Güter hinzu[1]).

Ob auch das dicht an der Grenze von Reggio gelegene Kastell Gualterio zu den Allodialbesitzungen der Canusiner zu rechnen ist, ist zweifelhaft. 1080 schenkt Mathilde dort Ländereien an Kloster St. Prosper in Reggio[2]). Doch ist es wahrscheinlicher, dass die Gräfin den grössten Teil des Ortes als Lehen von St. Prosper[3]) und von der Parmeser Kirche besessen hat[4]).

Bei Castellonchio ist gleichfalls nicht zu entscheiden, ob die Gräfin es als Allod oder als Kirchenlehen besessen hat. 1073 schenken Beatrix und Mathilde dort ein Stück Landes an St. Paolo zu Parma[5]). 1159 ist jedoch auch das Parmeser Kapitel urkundlich dort begütert[6]).

Es ist anzunehmen, dass die Grossgräfin ausser den angeführten urkundlich überlieferten noch weitere Besitzungen in Parma gehabt hat. In der Grafschaft wohnende mathildische Vasallen werden 1158 in einer Urkunde Friedrichs I erwähnt[7]). Ausserdem· steht fest, dass Gerhard und Odo von Cornazzano, die uns sehr häufig in den Urkunden der

---

[1]) Reg. 41.
[2]) Reg. 20. 27
[3]) Lothar bestätigt später einen Teil des Kastells dem Kloster u. auch die erwähnte mathildische Schenkung. Affò Stor. d. Parma II. 847.
[4]) Heinrich VI bestätigt 1195 dem Erwählten von Parma Kastell u. Hof Gualterio. Affò Stor. d. Parma III. 108.
[5]) Reg. 7.
[6]) Affò Stor. d. Parma II. 371.
[7]) Für Kloster Marola. Stumpf Acta 136.

Gräfin begegnen[1]), ihren Sitz in der Grafschaft Parma gehabt haben[2]),

Ficker hat nachzuweisen gesucht, dass auch die wichtige Feste Borgo San Donino und das benachbarte Bargone zum mathildischen Besitze gehörten.[3]) Er führt eine bei Boselli[4]) überlieferte Zeugenaussage an, laut welcher ein Graf Albert die beiden Orte samt der Grafschaft für 700 Pfund an Piacenza verkauft. Dieser Graf Albert sei aber, so sagt Ficker, identisch gewesen mit jenem gleichnamigen Grafen von Verona, dem wir zu Lothars Zeiten als Herrn des mathildischen Gutes begegnen. Folglich seien Borgo San Donino und Bargone Bestandteile dieses Gutes gewesen. Ficker stützt sich ferner auf eine gerade an der wichtigsten Stelle lückenhafte Urkunde Heinrichs VI vom Jahre 1194, in welcher der Kaiser von Rechten redet, wie sie zur Zeit der Gräfin Mathilde waren, was sich dem ganzen Inhalte nach nur auf Borgo und Bargone beziehen könne.[5])

Mit Recht legt Ficker das Hauptgewicht auf die Zeugenaussage bei Boselli. Dennoch erscheint es mir zweifelhaft, ob wir in jenem Grafen Albert den nachmaligen Markgrafen zu erblicken genötigt sind. In den Urkunden der Mathilde und Heinrichs V begegnet uns häufig ein Graf Albert von Sabioneta[6]), der, wie wir wissen, in Parma begütert war.[7]) Grössere Wahrscheinlichkeit hat jedoch die Annahme, dass jener bei Boselli genannte Graf Albert ein Pallavicini gewesen ist.

---

[1]) Vergl. die Regesten
[2]) Affò Stor. d. Parma II. 121 u. 320.
[3]) Forsch. II. 201, wo er es noch nicht als ganz sicher ausspricht, dann aber in den Nachträgen III. 487, wo er es mit Bestimmtheit behauptet.
[4]) Storie Piacentine I. 836 u. 838.
[5]) Affò Stor. d. Parma III. 802.
[6]) Reg. 37, 41, 64.
[7]) Affò Stor. d. Parma II. 340.

Dass Borgo und Bargone um die Mitte des 12. Jahrhunderts im Besitze der Pallavicini gewesen sind, ist unzweifelhaft. Im Jahre 1143 teilte Markgraf Oberto Pallavicini den grössten Teil seiner Besitzungen unter seine Söhne Wilhelm, der mit einer vornehmen Piacentinerin vermählt war, Delfino und Tankred. Die Urkunde für Wilhelm ist in Borgo San Donino ausgestellt[1]). Die Söhne befehdeten sich jedoch unter einander. Besonders Delfino liess sich durch seinen Hass gegen Tankred dazu verleiten, im Bunde mit den Leuten von Borgo und Bargone die dem Vater befreundeten Piacentiner anzugreifen und dessen Besitzungen im Parmeser Gebiet in Besitz zu nehmen[2]). In dieser bedrängten Lage gab der alte Markgraf seine gesamten Güter im Bistum Parma, darunter auch Borgo San Donino, der Stadt Piacenza zu Lehen (1145)[3]). Nun griff auch Parma ein, und es kam zwischen Piacenza und Markgraf Wilhelm einerseits und Parma und Delfino anderseits zum Kampfe, in dessen Verlaufe der alte Oberto starb[4]). Erst 1149 wurden durch Intervention anderer lombardischen Städte die Streitigkeiten geschlichtet, und zwar musste Piacenza zu gunsten von Delfino auf alle seine Rechte an Borgo und Bargone verzichten und die Verleihungsurkunde des alten Oberto wieder ausliefern. Doch mussten die Mauern der beiden Castelle geschleift werden[5]). Wie man sieht, behauptete sich der Pallavicini im Besitz der zum väterlichen Erbe gehörigen Orte.

Ist nun so festgestellt, dass Borgo San Donino und Bargone um die Mitte des 12. Jahrhunderts zum Besitze der Pallavicini gehörten, so wäre jetzt, um die Zeugenaussage bei Boselli zu erklären, noch nachzuweisen, dass unter dem

---
[1]) Affò II, 191 f. A. t.
[2]) Affò II, 191 f.
[3]) Affò II, 858—61.
[4]) Auch Tankred war inzwischen gestorben.
[5]) Affò II, 865.

dort genannten Grafen Albert ein Pallavicini gemeint sein könne. Ich glaube im stande zu sein, diesen Nachweis zu erbringen. Der alte Markgraf Oberto hatte nämlich ausser den obengenannten noch zwei andere Söhne, Borgognone und Albert, die aber vor dem Vater gestorben sind. In einer Urkunde nun für das Kloster della Colomba bestätigt jener Albert die Besitzungen desselben[1]). Die Urkunde ist vom Jahre 1136.

Wäre es nun nicht möglich, dass sich jene Zeugenaussage bei Boselli auf diesen hier genannten Albert, den Sohn des Grafen Oberto bezieht, und nicht, wie Ficker meint, auf den Grafen oder Markgrafen von Verona? Eine Nötigung, das letztere anzunehmen, liegt jetzt offenbar nicht mehr vor, zumal die Pallavacini um die Mitte des 12. Jahrhunderts als Besitzer der beiden in Frage stehenden Orte nachgewiesen sind. Ist man aber nicht gezwungen, in dem bei Boselli genannten Grafen Albert, der laut Zeugenaussage Borgo und Bargone an Piacenza verpfändete, den Grafen von Verona zu sehen, so ist damit auch der Schluss Fickers, dass nun die Orte zum mathildischen Gute gehört haben müssten, hinfällig geworden.

Übrigens kann ich auch noch einen Beweis ex silentio gegen Ficker anführen. Wäre es thatsächlich jener Markgraf Albert von Verona, der Herr des mathildischen Gutes gewesen, der Borgo und Bargone an Piacenza verpfändete, so würde die Stadt doch sicher auch in den Besitz des verpfändeten Gutes gekommen sein. Dies lässt sich aber für die Jahre 1125—35 — also für die Zeit der Herrschaft des Grafen Albert über das mathildische Land — nicht nachweisen. Und noch eins. Ich möchte wenigstens die Möglichkeit andeuten, dass der Zeuge mit seiner Angabe die obenerwähnte 1145 stattfindende Verleihung der Orte an Piacenza durch

---

[1]) Affò II, 191 A. 1.

den Markgrafen Oberto Pallavicini gemeint haben kann. Eine Verwechslung der Namen Obert und Albert ist nicht sehr schwer, zumal der Zeuge seine Aussagen über Dinge machte, die sich ungefähr 50 Jahre vorher ereignet haben.

Nach alle dem scheint mir die Zeugenaussage bei Boselli nicht Beweiskraft genug zu besitzen, um darauf die Zugehörigkeit von Borgo und Bargone zum mathildischen Gute zu begründen.

Noch weniger kann man sich jedoch auf die Urkunde Heinrichs VI. von 1194 stützen. Dieselbe ist gerade an der wichtigsten Stelle so lückenhaft, dass man nicht zu einer klaren Satzverbindung und damit auch nicht zu einem sicheren Verständnis des Inhaltes kommen kann. Der Kaiser überträgt in dieser Urkunde den Placentinern den Zoll von Florentiola und den Zoll von Borgo San Donino und zwar unter der Bedingung, dass sie die Verpflichtung haben sollen, die Orte für ihn zu bewachen. Dafür verspricht er, die Placentiner zu bewahren und zu schützen „et in personis et in rebus sive in terra sive in aqua que fuit comitisse Mathil........ ...... et omni iure quod eiusdem comitissae tempore obtinuit nobis per omnia observato." [1]

Zunächst ist hier nur von Borgo die Rede; Bargone wird gar nicht erwähnt. Sodann erscheint es mir überhaupt fraglich, ob man genöthigt ist, aus den eben angeführten Worten herauszulesen, dass die Gräfin Mathilde in Borgo Rechte besessen hat. Heinrich spricht hier nur davon, dass er die Placentiner schützen will und zwar in allen ihren Besitzungen, worin freilich die Zölle von Florentiola und Borgo nunmehr einbegriffen sind. Der Name der Gräfin Mathilde wird nur ganz im allgemeinen — und dazu noch in grammatisch unverständlicher Weise — mit Besitzungen und Rechten der Stadt Piacenza in Verbindung gebracht. Eine Nöthigung,

---

[1] Affò III, 302.

daraus auf mathildische Hoheitsrechte über Borgo zu schliessen, liegt durchaus nicht vor.

Doch angenommen, diese hätten thatsächlich bestanden, Heinrich hätte sich wirklich darauf berufen — und es ist ja möglich, dass eine erneuerte Prüfung des Originals der Urkunde zu dieser Annahme führt — so wäre auch das noch kein zwingender Beweis für die Zugehörigkeit des Ortes zum mathildischen Gut. Spricht der Kaiser in der That von mathildischen Rechten auf Borgo, so hat er, wie auch Toeche annimmt[1]), diese Rechte klugerweise zugleich mit der Abtretung der Zollgerechtsame geltend gemacht; mit anderen Worten, er hat zur besseren Begründung seiner Rechte und Ansprüche die Zugehörigkeit von Borgo und Florentiola zum mathildischen Gute fingiert. Wie leicht es Heinrich in dieser Hinsicht mit den Thatsachen und rechtlichen Verhältnissen nahm, ist bekannt. Hat er doch einmal sogar Sardinien als einen Theil des mathildischen Erbes für das Reich in Anspruch genommen[2]).

Zudem steht — vorausgesetzt, dass die Lücke der Urkunde in diesem Sinne zu ergänzen ist — das darin enthaltene kaiserliche Zeugnis ganz allein da. In den zahlreich erhaltenen Königsurkunden für Borgo San Donino ist weder vorher noch nachher von Rechten der Gräfin Mathilde die Rede. Wir besitzen zwei Urkunden Konrads III von 1140 und 1144, worin der König seinem Getreuen Berthold einen Hof in Borgo und Bargone überträgt[3]). Wir haben ferner eine Urkunde vom Jahre 1174, durch welche Friedrich I den Söhnen jenes Berthold die väterlichen Lehen in den Orten bestätigt[4]). Wir kennen auch endlich das Schriftstück, worin Heinrich VI 1191 Borgo und Bargone für 1000 Pfund an Piacenza

---

[1]) Heinrich VI, S. 164, A. 1.
[2]) Toeche S. 356.
[3]) Ficker, Forsch. IV, 166 und 167.
[4]) Ficker, Forsch. IV, 187.

verpfändet[1]). In allen diesen Urkunden wird die Gräfin Mathilde mit keinem Wort erwähnt.

Ist nun so der Nachweis erbracht, dass die beiden von Ficker angeführten Zeugnisse nicht ausreichen, um daraus die Zugehörigkeit der Festen Borgo und Bargone zum mathildischen Gute zu beweisen, so sprechen doch auch noch eine Reihe anderer Gründe gegen Fickers Ansicht.

Höchst auffallend ist zunächst, dass uns in keiner einzigen der verhältnismässig doch zahlreich erhaltenen Urkunden der Gräfin die Namen Borgo San Donino und Bargone begegnen, dass Mathilde, so weit wir wissen, niemals dort geweilt, dass, während die Namen ihrer Vasallen und Kapitane in den Burgen Bianello, Baise, Monbaranzon u. s. w. so häufig genannt werden, das durch seine Lage mindestens ebenso wichtige und ausserordentlich feste Borgo — es lag an der gewöhnlich von den Kaisern zum Übergang über den Apennin benutzten Strasse — auch als Sitz eines Vasallen niemals erwähnt wird. Es ist ja denkbar, dass hier ein Zufall uns gerade der betreffenden Zeugnisse beraubt hat, aber dieser Zufall wäre doch so auffallend, dass man sich nur schwer entschliessen kann, daran zu glauben.

Doch — angenommen, die Orte hätten zum mathildischen Besitze gehört, sind sie da Allod, Reichs- oder Kirchenlehen gewesen? Meiner Ansicht nach könnte sie die Gräfin nur als Reichslehen besessen haben.

Würde man Allod annehmen, so hätte sicherlich später die Kurie ihre Ansprüche auf die so sehr wichtigen Kastelle geltend gemacht. Dass dies aber nicht geschehen ist, wissen wir bestimmt.

Kirchenlehen können die Orte aber auch nicht gewesen sein. Wir besitzen zwar eine Urkunde Ottos III vom Jahre 989, worin der Kaiser dem Bischof von Parma den Besitz

---

[1]) Affò III, 299.

von Borgo bestätigt¹), aber die Echtheit dieser Urkunde ist sowohl von Affó — er nennt sie falso o corrotto — als auch von Stumpf²) und Böhmer³) angezweifelt worden, und weitere Zeugnisse für die Zugehörigkeit Borgos zur Parmeser Kirche liegen nicht vor. Es bliebe demnach nur die Möglichkeit, dass Mathilde die Orte als Reichslehen innegehabt hätte. Da sich jedoch dafür gar kein Zeugniss vorfindet und die von Ficker angeführten Urkunden nicht ausreichen, um darauf einen sichern Beweis zu gründen, so ist meiner Ueberzeugung nach anzunehmen, dass Borgo und Bargone nicht zum mathildischen Besitze gehört haben. Jedenfalls dürfte es unmöglich sein, auf Grund der bisher bekannten Dokumente das Gegenteil zu beweisen.

10) Tuscien.

Am wenigsten begütert war die Grossgräfin in Tuscien. Von den etwa 120 Vasallennamen, die uns in ihren Urkunden begegnen, habe ich nur eine kleine Zahl mit Sicherheit als tuscische feststellen können.

In der Gegend von **Poggibonsi**, am Flusse Ilsa, hat sie einige Besitzungen gehabt, wie aus Schenkungen hervorgeht, die sie dem dortigen Kloster macht⁴). In der Burg zu Poggibonsi, oder, wie es damals hiess, Marture, hat sie oft geweilt, wenigstens sind mehrere ihrer Urkunden dort ausgestellt⁵).

In **Florenz** war Richilde, die erste Gemahlin des Bonifacius, begütert⁶), und in der Grafschaft Volterra schenkt Mathilde der Kirche von Lucca Hof und Burg Castellione Berardesca¹).

---

¹) Affó Stor. d. Parma I. 857.
²) Reg. 924.
³) Reg. 668.
⁴) Reg. 89.
⁵) Reg. 18, 19 39, 43, 63.
⁶) Tiraboschi Stor. d. Nonant. II. 140.
⁷) Reg. 24.

In einer zweiten Schenkungsurkunde für Kloster Poggibonsi spricht Mathilde von Gütern in Tuscien und der Romagna, ohne nähere Angaben zu machen. Diese fehlen auch über die Besitzungen der Gräfin bei Siena und Perugia[1]). Dass dort solche vorhanden gewesen sind, wissen wir bestimmt, denn 1186 muss Siena alle von ihm occupierten Teile des mathildischen Gutes an Heinrich VI. herausgeben[2]), während Perugia die in Stadt und Grafschaft liegenden mathildischen Besitzungen behielt, aber als Lehen des Reiches[3]). Was jedoch im einzelnen hier gemeint ist, entzieht sich unserer Kenntnis.

11) Lothringen.

Aus der Erbschaft ihrer Mutter besass die Gräfin noch einige Güter in Lothringen. Sie lagen hauptsächlich in der Gegend von Nancy. Dort stiftete Mathilde im Jahre 1096 das Kloster Standelmont oder Pierremont und stattete es reich aus[4]). 1106 bestätigte sie diese Stiftungen[5]).

Fassen wir nun am Schlusse unserer Untersuchung die Resultate derselben zusammen, so ergiebt sich, dass die Chronisten nicht übertrieben haben, wenn sie bewundernd von dem Reichtum der Gräfin und der grossen Ausdehnung ihrer Besitzungen sprechen. Es war in der That ein ungeheures Erbe, was sie hinterliess, trotz der zum Teil sehr bedeutenden frommen Schenkungen, die Mathilde den Kirchen und Klöstern ihres Landes, vor allem ihrem geliebten Polirone, gemacht hatte.

---

[1]) Perugia lag übrigens nicht in Tuscien, ich habe es nur der Einfachheit halber hier aufgeführt. Die Grafschaft gehörte jedoch zum Hoheitsgebiete der Gräfin. Später wurde sie zu Spoleto gerechnet.
[2]) Ant. It. IV. 467.
[3]) Privileg Heinrichs VI. für Perugia vom 7. August 1186. Böhmer Acta 156.
[4]) Reg. 34.
[5]) Reg. 79.

Soweit mein Urkundenmaterial reichte — und es dürfte mir kaum etwas wichtiges entgangen sein — ist die Anzahl und die Lage der mathildischen Besitzungen nachgewiesen worden. Dass die Hauptmasse des Eigenguts in den vier Grafschaften Reggio, Modena, Mantua und Bologna gelegen hat, ist nicht mehr zu bezweifeln. Die Teile am Po, vor allem auf dem rechten Ufer, sind wohl die wertvollsten Stücke des Gutes gewesen. Bedeutende Güter waren auch in den Grafschaften Ferrara, Verona und Lucca vorhanden; weniger umfangreich erscheinen die Besitzungen in Parma und Brescia. Am wenigsten war die Gräfin in Tuscien begütert.

Die wichtigsten Kastelle lagen im Reggianer Gebirgslande, so Canossa, Bianello, Baise, Castelarano u. a., aber auch in der Poebene besass Mathilde eine Reihe fester Plätze, wie Governolo, Bondeno, Guastalla, Nogara, Cereda u. a. Im Modenesischen waren Monbaranzon und Bassano, in der Romagna Monteveglio und Medicina von militärischer Bedeutung.

Die Hauptsitze der mathildischen Vasallenschaft waren die Grafschaften Reggio und Modena (hier besonders die Fregnana), sodann der Südwesten des Bologneser Gebiets und die Garfagnana. Aus den Urkunden der Gräfin lernen wir eine sehr bedeutende Anzahl von mathildischen Kapitanen und Vasallen kennen[1]). Die meisten von ihnen führen ihren Namen von Orten, wo die Gräfin Allodial- oder Kirchenbesitzungen hatte. Von tuscischen Vasallen habe ich nur wenige mit Sicherheit feststellen können.

Die Kirchenlehen, welche die Gräfin inne hatte, haben sich als sehr bedeutend herausgestellt. Es gab fast keine Kirche, kein Kloster in den lombardischen und tuscischen Landen, von dem die Canusiner keine Güter besassen. Die Bischöfe und Kapitel von Reggio, Modena, Parma, Ferrara, Mantua, Cremona, Verona, Bologna, Pistoja, Lucca, die Klöster

---

[1]) Vgl. die Regesten.

San Sisto in Piacenza, S. Zeno in Verona, St. Prosper in Reggio, St. Sylvester in Nonantola, San Benedetto di Polirone, alle hatten grössere oder kleinere Besitzungen dem begehrlichen Grafengeschlechte übertragen müssen. Bemerkenswert ist, dass fast alle diese Kirchenlehen bereits von den Vorfahren Mathildens erworben worden sind, besonders von Bonifacius. Der Markgraf war, wie man leicht verfolgen kann, mit Consequenz bestrebt, überall da, wo er bereits Eigengut besass, auch die Pleben, Zehnten und Kirchengüter an sich zu bringen, zweifellos um nach jeder Richtung hin Herr seiner Besitzungen zu sein. Dabei standen die Bischöfe und Äbte vielfach unter einem Zwange, da Bonifacius sich nicht scheute, im Weigerungsfalle mit offener Gewaltthat vorzugehen. Die wiederholten Restitutionen von Kirchengut, die Mathilde vornahm, beweisen das schon zur Genüge. Überhaupt sind die drei ersten Canusiner, die ja auch durchweg die Sache des Kaisers in Italien vertreten haben und nur dieser Politik des Anschlusses an die kaiserliche Gewalt die Machtstellung ihres Hauses in Italien verdankten, durchaus nicht so kirchlich gesinnt gewesen, wie Donizo uns später glauben machen will. Eine Änderung der Kirchenpolitik der Canusiner tritt erst ein, als durch die Heirat Herzog Gottfrieds des Bärtigen von Lothringen mit Bonifacius Wittwe Beatrix auch mit der traditionellen kaisertreuen Politik des Hauses Canossa gebrochen wurde. Bei Beatrix und noch mehr bei Mathilde, der Schülerin Anselms von Lucca, der begeisterten Verehrerin Gregors und seiner Reformideen, tritt die kirchliche Richtung mit ganzer Schärfe hervor, und die ungemein bedeutenden und wertvollen Stiftungen der Grossgräfin an Kirchen und Klöster beweisen, dass sie die Gewaltthaten ihres Vaters und ihrer Vorfahren gegen die heiligen Orte so viel wie möglich wieder gut zu machen gesucht hat.

Regesten der Gräfin Mathilde.

1072
Januar 19. Mantua. Die Gräfinen Beatrix und Mathilde schenken dem Kloster St. Andreas zu Mantua den in der Grafschaft Mantua gelegenen Hof Formicatum mit einer Kapelle. 82 Joch Acker- und Weinland und 3000 Joch Buschland. — Unvollständig, ohne Zeugen und Notar bei *Fiorentini*, Memorie della gran contessa Matilda, 2. Ausg. von Mansi (Lucca 1756), II, S. 92; danach, aber mit besserem Text: *Rena e Camici*, Goffredo II con Matilda S. 49. 1.

Juni 7. Calceraki. Im Gerichte der Gräfinen Beatrix und Mathilde wird dem Abte Maurus von S. Salvatore in Monte Amiate der Besitz von Rocca Desenzano[1]) mit Hof und Partinenzien durch den Bann gesichert, nachdem ihm niemand das Recht darauf bestritten hat. — Anwesend u. a. die Grafen Rainer und Bernhard von Chiusi (ipsius comitatus Clusini), die Bischöfe Lanfrank von Chiusi und (Adalbert) von Siena, Paganus von Corsina und Hildebrand, Widos Sohn. — Ardicio notarius sacri palatii etc. — Aus dem Original im Staats-Archive zu Siena: *Muratori*, Ant. It. II, 955; danach *Fiorentini* Mem. II, 93; *Rena e Camici*, Goffr. c. Mathilda, 52. — Der Ausstellungsort war seiner Lage nach nicht mehr genau zu bestimmen, doch hat er ohne Zweifel in der Grafschaft Chiusi gelegen. 2.

Juli 9. In villa, quae vocatur Colle de Vignali in comitatu Peruxino. Im Gericht der Gräfinen Beatrix und Mathilde wird Freiheit und Eigentum genannter Personen, nachdem auf bezügliche Aufforderung kein Ein-

---

[1]) So Ficker, dessen Güte ich eine Abschrift des Originals verdanke. Muratori liest Rocca de Scanzano.

spruch erfolgte, durch den Bann gesichert. — Anwesend u. a. Bischof Aginus von Assisi, der Abt von St. Peter (in Corneto? vergl. Reg. 26) und Paganus von Corsina. — Ego Ardicio notarius etc. — Aus dem Original (damals) im bischöfl. Archive zu Assisi: Disamina degli scrittori e dei monumenti risguardanti S. Rufino vescovo e martire di Asisi (Assisi 1797), S. 388; danach *Ficker* Forsch. IV, 97. 3.

Dezbr. 8. Reggio. Beatrix und Mathilde schenken dem Kloster St. Prosper in Reggio nicht näher bezeichnete Güter in Gavassa. — Zeugen: Gerhard, Arverius, Albert, Bulgarus, Rainer. — Leo notarius s. p. etc. — Aus dem Orig. (damals) im Archiv von St. Peter in Reggio: *Affarosi*, Mem. stor. del monast. di S. Prosp. di Reggio I, 386 und *Margarini*, Bull. Cassin. II, 105; danach *Fiorentini* Mem. II, 96. Unvollständig bei *Rena e Camici*, Goffr. c. Math. 55. 4.

1073 Febr. 8. Burgus St. Fridiani bei Lucca. Im Gericht der Gräfin Mathilde und des kaiserlichen Missus Flaipert werden der Äbtissin Eritha vom Kloster St. Domini, St. Salvatoris und St. Justinae zu Lucca genannte Besitzungen, da niemand Einspruch erhebt, durch den kaiserlichen Bann gesichert. — Unter den Zeugen Wifred und Siegmund. — Gherardus notarius dom. imp. etc. — Aus dem Orig. (damals) im Archive des Klosters St. Justinä in Lucca: *Muratori* Ant. It. I, 489 und *Fiorentini* Mem. II, 107. 5.

Aug. 10. Verona. Beatrix und Mathilde refutieren dem Kloster St. Zeno in Verona eine Reihe von Gütern, darunter Bonferrario, Roncocarello, Fatuledo u. s. O. mit allen Rechten und Einkünften, jedoch mit der Bedingung, dass die genannten Güter nicht wieder vergeben werden dürfen. — Anwesend: Bischof Anselm von Lucca. — Ohne Notar. — Aus dem Orig. (damals) im Archive des Klosters St. Zeno: *Muratori* Ant. It. I, 591; *Biancolini*, Notizie stor. delle chiese di Verona I, 51, danach: *Fiorentini* Mem. II, 98; *Contelorius* Mathildae genealogia, 120, danach im Auszug bei *Fiorentini* Mem. II, 99. 6.

Aug. 18. Maringo. Beatrix und Mathilde schenken dem Nonnenkloster St. Paolo zu Parma 12 Joch Landes in Castellonchio mit einer Kirche, jedoch mit der Bedingung, dass dieselben, die von allen Seiten von Besitzungen der

Gräfinen eingeschlossen sind, niemals vertauscht oder zu Lehen gegeben werden. — Unter den Zeugen: Odo von Cornazzano, Albert von Arciano, Roger von Reggio. — Rusticus notarius etc. — Aus dem Original (damals) im Archiv des Klosters St. Paolo zu Parma: *Affo*, Stor. d. Parma II, 381.

7.
Sept. 10. Torosella. Beatrix und Mathilde schenken dem Kapitel der Kathedrale in Mantua (St. Peter) die Hälfte von Hof und Kastell Volta mit der zu dem Hofe gehörigen Kirche und allen Pertinenzien. — Zeugen: Albertus Alamannus, Paganus von Corsina, Romanus Pictor, Albert von Mezana, Ogerius da Tegie. — Ego Rustico notarius etc. — Aus dem Original im Archive von St. Peter in Mantua: *Fiorentini* Mem. II, 103. — Der Ausstellungsort ist Toricella am Po, östlich von Cremona,

8.
Sept. 10. Campitellum. Beatrix und Mathilde schenken dem Kapitel der Kathedrale von Mantua zwei Höfe (curias), der eine, St. Laurentius genannt, in Burnenga in der Grafschaft Mantua am Flusse Lario, der andere, Casale genannt, in St. Cassiano gleichfalls in der Grafschaft Mantua am Flusse Fissaro gelegen, jedoch mit der Bedingung, dass die Güter nicht anderweitig verliehen werden dürfen. — Als Zeuge: Albertus Alamannus u. a. — Ego Rustico notarius etc. — *Contelorius* Geneal. 120, danach im Auszug bei *Fiorentini* Mem. II, 100. — Die Ausstellungsorte der Urkunden 9. und 10. Toricella und Campitelli (am Oglio, unweit der Mündung) liegen so nahe beisammen, dass Mathilde sehr wohl an einem Tage in beiden Orten gewesen sein kann.

9.
1074
März 4. Pisa. Mathilde spricht im Placitum dem Abt des Klosters St. Pontiano zu Lucca sechs bei Faognano bei St. Miniato gelegene und dem Kloster von genannten Personen streitig gemachte Mansen zu, bis jene Personen der Aufforderung, vor Gericht zu erscheinen, folge geleistet. — Unter den Anwesenden: Rainer von S. Cassiano, Hubert, Sohn des Teucus da Colle, Vicegraf Ugo, Rodulf und Fulcard, Söhne des Seracinus von Leopariana, Baroncius von Montalto, Hugo, Sohn des Leo von Babilonia, Marignanus von Fasciana. — Gerardus notarius dom. imp. etc. — Aus dem Orig. (damals) im Archiv von St. Pontiano in Lucca: *Fiorentini* Mem. II, 57 und 112, aber 112

1075 Mai 7. Florenz. Im Gerichte der Gräfinen Beatrix und Mathilde wird dem Bischofe Anselm von Lucca, da niemand Einspruch erhebt, der Besitz der Hälfte des dritten Teiles von Berg, Kastell und Hof Montecatini durch den Bann gesichert. — Unter den Anwesenden: Paganus von Corsina und Ubertus legisdoctor. — Ego Rodulfus notarius etc. — Aus dem Orig. (damals) im bischöfl. Archiv zu Lucca: *Muratori* Ant. It. I, 969; danach *Fiorentini* Mem. II, 116; *Rena e Camici* l. c. 68. 11.

mit besserem Text, dem sich auch *Rena e Camici* l. c. 66 angeschlossen. 10.

1076 März 15. Pisa. Im Gerichte der Gräfin Beatrix werden in Anwesenheit der Mathilde die dem Prior Bonizo des Klosters S. Benedetto zu Populonia von einem gewissen Peregrinus von Vignale streitig gemachten, näher bezeichneten Ländereien dem Prior durch den Königsbann gesichert. — Ego Raimundus (Arch. Erimundus) notarius etc. -- *Rena e Camici* l. c. 76; *Archivio* stor. ital. Ser. III, Bd. 18. jedoch mit Datierung in der Überschrift: 1077, Sept. 15, ohne einen Grund dafür anzugeben. Beatrix starb aber schon am 18. April 1076. 12.

Mai 27. Maringo. Mathilde belehnt die Äbtissin von S. Sisto in Piacenza mit Cortenova und den Einkünften, die ihr aus diesem Hofe zustehen für die Leistungen, welche sie dem genannten Kloster schuldet und für die Lehen, welche sie von demselben inne hat. — Anwesend: Paganus von Corsina, Graf Ubert, Alberich von Porciano. — Ildeprandus notarius etc. — Aus dem Orig. (damals) im Archiv des Klosters San Sisto: *Affö* Stor. di Guastalla I, 824. Der Druck ist stark lückenhaft. 13.

Juni 15. Marzaglia. Im Gerichte der Gräfin Mathilde übertragen die Brüder Wibert und Fredald den Brüdern Alberich und Aribert gegen eine Entschädigung alle ihre in Correggio gelegenen Güter, die sie von der Reggienser Kirche zu Lehen haben. — Anwesend: Gerhard von Corviago und Graf Ubert. — Zeugen: Bonafilius von Modelena, Gerhard, Sohn des Frogerius, Bernard, Sohn des Prandonus von Osa. — Scripsi ego Malbertus notarius et iudex. — *Tiraboschi* Memorie Modenese II, 65 mit Ind. XIII. 14.

1077
Juni 6. Florenz. Im Gericht der Gräfin Mathilde gelobt ein gewisser Ugo mit seinen Genossen, den Bischof Anselm von Lucca in dem Besitz von Montecatini fortan nicht mehr stören zu wollen. — Unter den Anwesenden: Ubald von Pistoja, Paganus von Corsina mit seinem Sohne Roland. — Johannes notarius etc. — *Rena e Camici*, Mathilda I, 55 mit 1076 und Ind. XV. 15·

Juni 21. Papiana. Im Gerichte der Gräfin Mathilde erhält Bischof Anselm von Lucca ein günstiges Urteil in seiner Streitsache mit einem gewissen Ugo und Genossen betreffend Montecatini. — Anwesend: Vicegraf Ugo, Ubert, Theoderich u. a. — Ego Raginerius notarius et missus domini [regis] etc. — Aus dem Original im erzbisch. Archive zu Lucca: *Memorie Lucchese* IV. 2. S. 150 — Papiana liegt bei Pisa. 16.

Juni 27. oder 28. In loco et finibus Papiana. Im Gericht der Gräfin Mathilde werden die Besitzungen des Klosters S. Vedo durch den Bann gesichert. — Anwesend: Graf Theoderich, Vicegraf Ugo, Hildebrand, Sohn des Paganus (von Corsina). — Rolandus notarius etc. — *Grandi* De pandectis ed. II, S. 155, danach *Fiorentini* Mem. II, 119; *Rena e Camici* Mathilda I. 60 mit besserem Text und Juni *28*. Alle haben 1078. Ind. XV. Doch ist hier der Calculus Pisanus angewandt; daher 1077 vergl. auch Regest 18. 17.

Aug. 27. In burgo Marture. Mathilde schenkt an Bischof (Landulf) und Kapitel von Pisa den Hof Scanello, die Hälfte von sechs anderen Höfen, sowie ihre Besitzungen und Rechte in vier genannten Pleben, zusammen ungefähr 600 Mansen, als Stiftung von Jahresmessen für sich und ihre Eltern, mit der Bedingung, dass die genannten Güter niemals veräussert oder verliehen werden dürfen. — Teupertus notarius dom. imp. etc. — Aus dem Original im erzbisch. Archiv zu Pisa: *Fiorentini* Mem. II, 60 und *Tronci* Memor. istoriche della città di Pisa 26: Danach *Ughelli* Ital. sacra III, 362; *Martini,* Theatrum basilicae Pisanae S. 80, danach *Fiorentini* Mem. II, 274, danach *Lami*, Eccles. Florent. monumenta IV, 25; *Rena e Camici* Mathil. I, 62 nach Ughelli. — Alle mit 1078. Ind. 15. — Der Ausstellungsort ist Poggibonsi. 18.

1078 Febr. 11. In burgo de Martuli. Im Gerichte der Gräfin Mathilde werden dem Bistume Volterra, da niemand Einspruch erhebt, genannte Güter durch den Bann gesichert. — Unter den Anwesenden: Graf Rainer, Sohn des Grafen Hildebrand, Paganus von Corsina, Vicegraf Hugo und sein Bruder Guido, Albert von Montegabbo. — Johannes notarius etc. — Aus dem Original (damals) im bischöflichen Archiv von Volterra: *Ughelli* It. sac. I, 1436, danach *Fiorentini* Mem. II. 120; *Ammirato* Vescovi di Volt. S. 84, danach *Rena e Camici* Mathilda I, 59. *Lami* Eccles. Flor. mon. IV. 25 nach Fiorentini. — Martuli = Marture vergl. Reg. 18.

19.

Febr. 19. **Puntiglo.** Im Gerichte der Gräfin Mathilde verzichtet der dazu aufgeforderte Graf Ugo, Sohn des Grafen Hildebrand unter Strafverpflichtung und gegen Empfang eines Launegild auf alle Ansprüche auf genannte Besitzungen, welche dann dem Kloster S. Salvatore in Monte Amiate durch den Bann gesichert werden. — Anwesend: Ubert von Susina, Paganus von Corsina, Vicegraf Ugo u. a. — Atto notarius sacr. pal. etc. — Aus dem Original im Staatsarchiv zu Siena: *Ficker* Forsch. IV, 108.

20.

Sept. 26. **Sancto Cipriano prope Perusiam.** Mathilde schenkt an Bischof (Anselm) und Kapitel von Lucca ihren Theil von Berg und Kastell Diecimo (in der Garfagnana). — Anwesend u. a. der Richter und kaiserliche Missus Flaipert (vergl. Reg. 5). — Rusticus notarius domini imperatoris etc. — Aus dem Original (damals) im bischöflichen Archive zu Lucca: *Memorie Lucchese* IV. 2.b. 112 und *Fiorentini* Mem. II, 10. Nach letzteren: *Ughelli* It. sac. I. 814, *Pacchi* Ricerche ist. della Garf. p. III und *Rena e Camici* Mathilde I, 21 unvollständig und mit Ind. I, doch mit besserem Text.

21.

1079 Juli 8. **Mantua.** Mathilde schenkt der Kathedrale von Mantua alle Knechte und Mägde in Villa Pletula und Kastell Volta, die mit Namen aufgeführt werden und ungefähr 85 Köpfe zählen. — Zeugen: Graf Friedrich, Wido de Baro, Bulgarus von Nonantula. — Andreas notarius etc. — Nach einer authentischen Abschrift: *Fiorentini* Mem. II, 122, danach *Rena e Camici* Mathilda I, 64.

22.

(1080?) Sept. 7. **In curia filii Federici prope [Ferrara].** Im Gerichte der Gräfin Mathilde wird eine Streitsache zwischen dem Bischofe Gratian (von Ferrara) und dem Abte Hieronymus

— 57 —

von Pompoea zu Gunsten des Bischofs entschieden. — Unter den Anwesenden: Markgraf Azzo (von Este), Graf Ugo, Graf Ubert, Albert, Sohn des Grafen Boso, Paganus von Corsina, Fulcus von Robereto, Gerhard von Corvigao, Ugo armatus, Petrus de Ermengarda. — Unvollständig, ohne Notar. Aus dem Orig. (damals) im bischöfl. Archiv von Ferrara: *Muratori* Ant. It. I, 957, danach *Fiorentini* Mem. II, 126 und *Rena e Camici* Mathilda I, 67. — Der Ausstellungsort ist wahrscheinlich Ferrara, wie auch schon Muratori annahm. Die Datirung ist nicht ganz sicher. „Octuagesimo" und Ind. III (nach mathildischem Kanzleigebrauch beginnt die neue Indiction mit dem 25. Sept.) sprechen für 1080, während die sonst so seltene, hier aber um so bestimmter auftretende Angabe, „domini Gregorii apostolici papae anno septimo (1079 — 22. April 1080) auf 1079 hinweist.

23.
Sept. 17. In burgo Bricole. Mathilde schenkt an Bistum Lucca das in Grafschaft und Territorium Volterra gelegene Castell Castellione Berardeska samt dem Hof und allen Pertinenzien. Zeugen: Graf Friedrich, Sohn Ludwigs „qui fuit dux", Paganus (von Corsina) Sohn des Roland, Hildebrand, Sohn des Paganus u. a. — Cunradus notarius dom. imper. etc. — Aus dem Original (damals) im bischöfl. Archivo zu Lucca: *Fiorentini* Mem. II, 7; danach *Ughelli* It. sac. I, 815 und *Rena e Camici* Mathilda I, 24. Alle mit Ind. III. — Bricole liegt im Gebiete von Lucca.

24.
(Decbr.) Arezzo. Ein gewisser Gizzo beurkundet, dass er vor Mathilde und dem Bischofe (Constantin) von Arezzo dem Kloster St. Flora und Lucilla in Arezzo genannte Güter refutiert habe. — Aus dem Original (damals) im Archiv des Klosters: *Fiorentini* Mem. II, 127; *Rena e Camici* Mathilda I, 68. — Es ist zweifelhaft, ob die Anwesenheit der Gräfin in Arezzo gerade in den Dezember zu setzen ist.

1080
25.
März 26. Corneto in comitatu Tuscanense. Mathilde sichert dem Abte Berard von Farfa die dem Kloster von einem gewissen Lupo und Genossen streitig gemachte Kirche St. Peter bei Corneto durch den Bann. — Anwesend u. a. Bischof Giselbert von Toscanella, Manno von Bisianzo, Bernard von Saluza, Gezo von Cordelano, Azo de Gezo,

Robert von Saltenano, Graf Ubert, Vicegraf Marchisello.
— Ego Ardericus notarius sac. pal. etc — Aus dem Original im Archiv des Klosters Farfa: Pagliarini im *Giornale de'Letterati* per gli anni 1756 u. 1757 mit 1087, 1. April. Im Auszug bei *Mabillon* Annal. ord. St. Bened. V, 169 mit richtiger Datierung, VII. Kal. Aprilis. Pflugk-Harttung, Iter Italicum S. 582 hat die Urkunde zum 7. April. 26.

Dezbr. 9. Reggio. Mathilde schenkt dem Kloster St. Prosper in Reggio 29 Joch Landes in Castell Gualterio. Anwesend u. a. Rainer, Ugos Sohn, Bulgarus von Nonantula, Odo von Cornazzano und sein Enkel Gerhard. — Henuvardus (bei Rena Enubarbus) notarius etc. — Aus dem Orig. (damals) im Archive des Klosters St. Prosper: *Margarini*, Bull. Cassin. II, 112, *Affarosi* Mem. istor. del monast. di S. Prosp. di Reggio I, 898 und *Muratori* Ant. It. II, 277; nach letzterem *Fiorentini* Mem. II, 129. *Rena e Camici* Mathilda I, 74. Alle mit Ind. III. 27.

1063

Mai 10. Mantua. Mathilde schenkt der Kirche St. Michael zu Mantua sieben Stücke Landes in der Stadt Mantua, deren Lage und Grenzen genau angegeben werden. — Zeugen: Graf Friedrich, Ubald von Turin u a. — Lanfrancus notarius etc. — Aus dem Original (wo? ist nicht angegeben): *Fiorentini* Mem. II, 184 mit Ind. II, danach *Rena e Camici* Mathilda II, 63 mit Ind. VI. 28.

1088

Febr. 26. Nogaria. Mathilde überlässt der Abtei Nonantula die Kirche S. Silvester im Kastell Nogara mit allen Rechten und Pertinenzien, die ihr und ihren Vorfahren zugestanden. — Unter den Zeugen: Maginfred von Sorbaria, Bernhard von Parma, Sasso von Bianello, Lanfrank von St. Marco. -- Johannes notarius etc. — Aus dem Original (damals) im Nonantulaner Klosterarchiv: *Fiorentini* Mem. II, 189 u. *Contelorius* Math. geneal. 124, danach im Auszug *Fiorentini* Mem. II, 139. *Rena e Camici* Mathilda II. 78. 29.

1090

Juni 27. Mantua. Herzog und Markgraf Welf und Mathilde, von den Mantuanern gebeten, Befreiung von den Bedrückungen, die ihre Mitbürger zu erdulden hätten, zu gewähren, und die der Stadt von den Vorfahren der Gräfin entrissenen Gemeindegüter zu restituiren, beurkunden, dass wegen der treuen Dienste der Bürger alle gewaltsamen und nicht gesetzlichen Auflagen und Eintreibungen fortan aufhören sollen, und restituieren ferner den Bürgern die denselben von den Kaisern verliehenen Gemeindegüter, darunter vor allem die Orte Sacca, Septingenti und Carpineta, und die gleichfalls von den Kaisern verliehenen Rechte, besonders das Fischrecht in genannten Gewässern. — Ohne Notar und Zeugen. — Aus dem Original im Archive zu Mantua: *Muratori* Antichita Estensi I, 280, danach *Fiorentini* Mem. II, 277; *Rena e Camici* Math. III, 41 mit Datierung in der Überschrift 1091. Eine von Herrn Hofrat J. Ficker genommene Abschrift der Urkunde wurde mir durch seine Güte zugänglich.

1090

30. — Mathilde sichert die Besitzungen und Rechte des Kapitels von Volterra gegen jeden Verletzer durch den Bann. — Erwähnt bei *Leoncini*, Illustr. sulla cattedrale di Volterra, S. 317 aus d. Original im Kapitelsarchiv zu Volterra (Perg. 88 bis).

1092

31.

Sept. 5. Carpineta. Mathilde schenkt der Abtei Polirone wegen der Bedrängnis des Klosters in den Kämpfen mit Heinrich IV, vor dem der Abt Wilhelm sich zu der Gräfin in die Berge geflüchtet, das Palatium in Castellarano und überlässt ihr, jedoch unbeschadet der Rechte des Kapitels von Reggio und mit besonderer Zustimmung des Bischofs Heribert von Reggio die Kirche St. Domini in Montevilla und die Kirchen St. Gregor und St. Prosper in Antognano mit allen Pertinenzien. — Anwesend: Bischof Ubald von Mantua, Ubald von Parma, Crispus von Mandria, die Söhne Rozos von Pelano. — Zeugen: Ugo von Rodilia, Nordillus von Gajo, Ubaldinus von Carpeneta. — Guido notarius sac. pal. etc. — Aus dem Original (damals) im Klosterarchiv von Polirone: *Bacchini* Dell' istoria del monasterio di S. Benedetto di Polirone S. 82, danach *Fiorentini* Mem. II, 141, danach *Rena e Camici* Mathilda III, 54.

1095 April.

32. — Herzog Welf und Mathilde verleihen den Leuten von Piadena gewisse Freiheiten. — Die Urkunde erwähnt *Muratori* Spt. VII, 632 als zu Anfang des Magistratskatalogs im Chronicon Cremonense (Codex Turricinus) stehend, ohne sie jedoch mit abzudrucken.

1096 Mai 21.

33. Piadena. Mathilde stiftet das Kloster Standelmont bei Nancy und schenkt dazu den Ort Standelmont nebst anderen genannten Gütern, sowie das freie Weiderecht und

gestattet, dass ihre Leute dem Kloster Schenkungen machen, jedoch unbeschadet der der römischen Kirche schuldigen Ehrfurcht und mit der Bestimmung, dass das Kloster jedes Jahr einen goldenen Denar an den heiligen Stuhl zahlen soll, um von diesem Schutz und Schirm in geistlichen und weltlichen Dingen zu erhalten. — Anwesend: Cardinal-Presbyter Bonussenior (von 1099 an Bischof von Reggio) und der Priester Werner. — Zeugen: Graf Ludwig, Sohn des Grafen Theobald von Mömpelgard, Graf Peter, Bruder des Grafen Reinhard von Toul, Johann von Diedenhofen, Bruder Alberts von Briey, Drogo, Mundschenk des Herzogs Theoderich von Lothringen, Dudo von Clermont, Graf Albert, Sohn des Grafen Boso von Monteclar, Gerhard von Cornazzano, Arduin von Castellione, Sasso von Bubanel (Bianello), Constantin und Rainald de familia de Briey. — Scriptor scriptis subscripsi Pontius istis. — Aus dem Original (damals) im Klosterarchiv: *Calmet*, Histoire de la Lorraine I. 2. 504, danach mit einigen Abweichungen *Rena e Camici* Math. III, 64. 34.

1098 Januar 1. Pladena. Mathilde belehnt die Commune von Cremona an Stelle des Bistums mit der Grafschaft der Insula Fulcheril, soweit sie sich in ihrem Lehensbesitz befindet. — Aus einer Copie (damals) im bischöflichen Archiv von Cremona: *Ughelli* It. sac. IV, 598 und *Zaccaria* Series episc. Cremon. S. 106, danach *Fiorentini* Mem. II, 145; *Rena e Camici* Mathilda III, 76. 35.

Aug. 9. Prato Vescovi. Mathilde giebt dem St. Michaelshospital in Bombiana am Reno 48 Joch Ackerlandes in der Umgebung des Hospitals gelegen, dazu das Weide- und Holzrecht im Walde von Bombiana. — Anwesend: Bischof Bernard von Bologna. — Zeugen: Graf Albert, Albert, Maginfreds Sohn, Sasso von Bianello, Ubert von Stagno. — Gosberto notarius etc. — Aus dem Original (damals) im Archiv von St. Michael in Furc. in Pistoja: *Zaccaria* Anecd. p. 300, danach *Savioli*, Annali Bologn. I. 2. 189. — *Muratori* Ant. It. III, 579, danach *Fiorentini* Mem. II, 145. — *Lami* Delizie, ad Leonis Urbevet. chron. I, 191, danach *Lami* Eccles. Florent mon. IV, 58. *Rena e Camici* Mathilda III, 77. — *Fioravanti* Mem. ist. d. città di Pistoja, doc. p. 26. — Der Ausstellungsort ist bei Muratori

„Prato Fescoso", bei Zaccaria „Prato Fescofi", bei Fioravanti „Prato Frescoso", bei Lami richtig „Prato Vescovi"; vergl. auch Reg. 87. Es ist das Prato zwischen Florenz une Pistoja, das „Bischofsprato". An Prato Vecchio, einen kleinen Ort im Arnothal, kann nicht gedacht werden. 86.

Sept. 6. Prato Vescovi. Mathilde giebt mit Zustimmung des anwesenden Bischofs Peter von Pistoja dem Kloster S. Salvatore in Fontana Taoni die Kirche S. Maria von Piunta. — Unter den Zeugen: Graf Albert von Sabloneta, Graf Guido von Modilgnano, Raimund ven Baise, Ugo von Nonantula, Bernhard von Ferignano, Ubert von Stagno, Guido von Pisa, Ugiccio von Montalto, Bonectus, Vogt von Pistoja. — Gosberto notarius etc. — Aus dem Orig. (damals) im Archiv von St. Michael in Furc. in Pistoja: *Zaccaria* Anecd. p. 301, *Muratori* Ant. It. I, 418, *Fioravanti* Mem. d. Pist. Doc. 26, *Lami* Deliz. ad Leonis Urbevet. Chron. I, 190, danach *Lami* Eccles. Flor. mon. IV, 58; *Ughelli* It. sac. III, 292, *Rena e Camici* Mathilda III, 92; alle mit 1099, Ind. VI. Jedoch gehört die Urkunde ins Jahr 1098. Im August 1098 weilt Mathilde in Prato, vergl. Reg. 86. In der daselbst ausgestellten Urkunde erscheinen wie auch in der vorliegenden unter den Zeugen der Graf Albert, der Richter Ardericus und Ubert von Stagno, zudem sind beide Urkunden von dem Notar Gosbert ausgestellt, der sonst nicht mehr erscheint. Endlich stimmt auch die Ind. VI zum Jahre 1098. 37.

1099 Juni 16. Lucca. Mathilde sichert zu Gericht sitzend die Güter des Bischofs Roger von Lucca, die demselben von dem Grafen Guido, Guidos Sohn, streitig gemacht worden waren, durch Investitur und Bann. Anwesend: Gerhard von Cornazzano, Ugo, Sohn des Bulgarellus. — Conradus notarius domn. imper. etc. — Aus dem Original (damals) im bischöfl. Archive zu Lucca: *Memorie Lucchese* V, 3, 677, *Ughelli* It. sac. I, 816 und *Fiorentini* Mem. II, 64, nach letzterem *Rena e Camici* Mathilda III, 83, aber unvollständig. 88.

Juni 20. Marture in comitatu Florentino. Mathilde bestätigt dem Kloster St. Michael zu Marture alle von ihr und ihren Vorfahren in Marture, in ganz Tuscien und der Romagna gemachten Schenkungen. — Unter den Zeugen:

	Graf Guido und die Grafen Albert und Hildebrand, Söhne des verstorbenen Grafen Hildebrand. — Ego Grimaldus notarius etc. — *Rena e Camici* Mathilda III, 88. 89.
Jan. 1. — Sept. 24.	— — Mathilde schenkt dem Kloster St. Pontiano zu Lucca zur Unterstützung der Armen und zum Unterhalte der Pilger ein bei dem Kloster gelegenes Stück Land, welches seit alters zum öffentlichen Gute der Markgrafschaft gehörte. — Aus dem Original (damals) im Archiv des Klosters St Pontiano in Lucca: *Fiorentini* Mem. II, 66 u. 148, ohne Zeugen, Notar und Ausstellungsort. 40.
Nov. 12.	Brixillum. Mathilde erneuert dem Kloster Bressello eine von ihr gemachte Schenkung bestehend in dem Castell Bressello mit Markt und Hafen und 44 Massariticn Landes in Bisrupto, Sacca, St. Georgio, Ciano, Budrione, Villolae, Bledolo, Ripalta und andern Orten und bestätigt die schon von ihrem Vater Bonifacius dem Kloster geschenkten Güter bestehend in 21 Massaritien und 90 Joch Landes in Kastell St. Martino, Sableta, Forcinuo, Fazano, San Faustino, Roncalia und Scorzarolo am Flusse Oglio, und anderen Orten sowie die von ihrem Grossvater Thedald gemachten Schenkungen, mit der Bestimmung, dass das Kloster nach ihrem Tode frei sein soll von aller Gewalt, die sie und ihre Eltern sich vorbehalten und innegehabt und dass es nur dem heiligen Stuhl unterworfen sein solle, wie sie schon längst bestimmt. Alle Ländereien und Güter mit den dazu gehörigen Leuten beiderlei Geschlechts, die von Mathilde oder ihren Vorfahren dem Kloster gegeben worden, sollen von jetzt an bedingungslos Eigen desselben sein, und niemand soll Macht darüber haben, ausgenommen die römische Kirche. — Anwesend: Der Cardinaldiakon Paganus. — Unter den Zeugen: Graf Albert, Bosos Sohn, Ugo, Manfreds Sohn, Albert, Sohn Ugos von Rodilia, Bellenzo von Guastalla, Albertus Patarinus und Ariprand von Cremona, Vassi des Grafen Albert. — Johannes palatinus, iudex et advocatus saepedicti monasterii scriptor. — Aus dem Original (damals) im Archiv des Klosters Polirone: *Bacchini* Dell'istoria del monast. di S. Benedetto di Polirone, p. 76, danach *Fiorentini* Mem. II, 267—72 und gekürzt II, 156—59, danach *Rena e Camici* Mathilda III, 93 mit einigen Abweichungen; sehr gekürzt bei Affò Stor. di Parma II, 342 mit grossen

1100
März 2.
Abweichungen in den Zeugennamen. *Affò*, Illustrazione di un piombo Bressell. S. 56. — Der Ausstellungsort ist Bressello am Po, in der Grafschaft Parma, dicht an der Reggianer Grenze. 41.
Florenz. Mathilde sichert zu Gericht sitzend den Canonikern von St. Reparata in Florenz den Besitz der ihnen von dem Grafen Guido, dem Sohne des Bonifacius verliehenen Güter durch den Bann — Anwesend: Gerhard Caponsacco, Bonfantinus, Gerhard, Gastaldio der Gräfin Mathilde. — Petrus notarius etc. — Aus dem Original (damals) im Archiv von St. Reparata in Florenz: *Muratori* Ant. It. III, 733, danach *Fiorentini* Mem. II, 150, danach *Rena e Camici* Mathilda IV, 56, mit 1100 März 1. — *Lami* Eccles. Flor. mon. II, 1438 mit 1099 März 6. — *Ughelli* It. sac. III. 87, alle, ausser Rena, mit 1099, Ind. VIII. Da jedoch bei der in Florenz ausgestellten Urkunde der Calculus Florentinus in Anwendung gekommen ist, so ergiebt sich Jahreszahl 1100. 42.

April 3. Marture. Im Gericht der Gräfin Mathilde beklagt sich Bischof Raginer von Lucca, dass ein gewisser Benno und dessen Genossen ihm schon seit 20 Jahren den Lehenszins schuldig seien, worauf die Richter dem Benno das Libellarlehen absprechen; aber auf Bitten der Gräfin und deren Getreuen belehnt der Bischof den Benno aufs neue und erhält das Versprechen, dass der Zins bezahlt wird. — Anwesend: Graf Albert, Sohn des verstorb. Grafen Bulgarellus, und Roland, Sohn des Paganus (von Corsina). — Bentius notarius domn. regis etc. — Aus dem Original (damals) im bischöfl. Archive zu Lucca: *Memorie Lucchese* IV, 2. b. 122, *Ughelli* It. sac. I, 817 und *Fiorentini* Mem. II, 68, nach letzterem *Lami* Eccles Flor. mon. IV, 27 und *Rena e Camici* Mathilda IV, 5. 43.

April 10. Sursianum. Im Gerichte der Gräfin Mathilde wird durch eidlich erhärtete Zeugenaussage auf Wunsch des Bischofs Raginar von Lucca festgestellt, dass ein gewisser Benno und dessen Genossen mit dem verstorbenen Bischof Anselm von Lucca einen Vertrag geschlossen haben, laut dem sich Benno und Genossen verpflichtet haben, dem Bischof und dessen Nachfolger mit dreissig Reitern Unterkunft und Aufnahme zu gewähren, wenn er zur Synode nach Rom geht oder von dort zurückkommt. —

Anwesend: Roland, Sohn des Paganus von Corsina, Opizo von Gonzaga, Fralmus von Pichena (Piceno?), Peter, Sohn Alfreds von Pichena, Sasso von Bianello, Johannes, Sohn des Donatus, Rodulfus Pilosus u. a. — Ingo notarius domn. regis etc. — Aus dem Original (damals) im bischöfl. Archive zu Lucca: *Ughelli* It. sac. I, 818 und *Fiorentini* Mem. II, 69, danach *Rena e Camici* Mathilda IV, 7. — Eine von Herrn Hofrat Ficker aus einer Copie des 16. Jahrhunderts genommene Abschrift der Urkunde war mir durch seine Güte zugänglich. Der Ausstellungsort ist Sorciano im Val di Merse bei Radicondoli, Diöcese Volterra. 44.

April 28. Celagito. Mathilde spricht im Gerichte dem Abte Ugo von Serena die demselben streitig gemachte Hälfte von Hof und Castell Cumullo zu und sichert sie durch den Bann, Anwesend: Fralmus von Cereto u. a. — Ego Hugo nomine domn. regis .... [scripsi] ..... Aus dem Original (damals) im bischöflichen Archiv zu Lucca: *Fiorentini* Mem. II, 70 und 168, jedoch lückenhaft, danach *Rena e Camici* Math. IV, 61. — Celagito liegt in der Garfagnana. 45.

Juni 7. Villa Papiana. Mathilde nimmt das Kapitel von Pisa in ihren besonderen Schutz und bestätigt ihm den Besitz genannter Güter. — Per manum Ugonis capellani. — Aus dem Original im erzbischöflichen Archiv zu Pisa: *Tronci* Memor. istor. d. città di Pisa 38, danach *Ughelli* It. sac. III, 371 und und *Fiorentini* Mem. II, 161, danach *Rena e Camici* Math. IV, 62. — Papiana liegt nördlich von Pisa. 46.

Jan. 1 —
Sept. 24. — — Mathilde giebt für den Bau des Domes zu Pisa ein der Mark gehöriges, neben dem Palatium gelegenes Grundstück mit der Bestimmung, dass der jährliche Zins desselben zur Vollendung und später zur Restaurierung des Domes gebraucht werden solle. — Zeugen: Die „viri boni tam Langobardiae quam Tusciae" Arduin, Gottfried, Rainer, Vicegraf Gerard und Ugo, Sohn Gundulfs. — [Fro]gerius capellanus scripsi. — Aus einer Abschrift des Herrn Hofrat Ficker, die ich seiner Güte verdanke, nach dem Original im erzbischöflichen Archiv zu Pisa. 47.

1100 — Mathilde bestätigt den Herrn von Picchena, nämlich dem Fralmo und Piero di Gualfredi und dem Ugo di Fralmo die Gerechtsame und Lehen ihrer Herrschaft. —

Erwähnt in Storia Volterana del proveditore Raffaello Maffei publ. per Annibale Cinci, S. 47.

48. **Florenz.** Mathilde nimmt, sitzend im Palatium von Florenz mit ihren Rittern und andern Getreuen, das Kloster Vallombrosa, dessen Mönche ihres frommen Wandels wegen gerühmt werden, in ihren ganz besonderen Schutz. — Anwesend: Cardinal Paganus, Bischof Peter von Pistoja, Graf Guido mit seinem gleichnamigen Sohne. — Frogerius sacerdos qu. Rhegini praesulis egregii capellanus scriptor. — Aus dem Original (damals) im Archiv des Klosters Vallombrosa; *Muratori* Ant. It. I, 957, danach *Fiorentini* Mem. II, 168; *Bacchini* Dell'istor. del monast. di S. Bened. di Polirone 71, danach *Fiorentini* Mem. II, 116, danach *Rena e Camici* Math. IV, 67, *Lami* Eccles. Flor. Mon. III. Index chronol. ad annum 1100, Seite CLXXIII; *Ughelli* It. sac. III, 238. In Auszügen bei *Mabillon* Annal. V, 427.

49. **Guastalla.** Mathilde nimmt die Kirche von Guastalla, deren Klerus über Belästigungen von seiten der Getreuen der Gräfin Klage führt, in ihren ganz besonderen Schutz, befreit sie von aller weltlichen Gewalt und verspricht für den Fall, dass sie die Curia Guastalla anderweitig zu Lehen geben würde, die Kirche keiner anderen Gewalt als der des Papstes oder des Königs zu unterstellen. — Anwesend: Kardinaldiakon Paganus. — Zeugen: Belenzio, Lanfrank, Arduin von Palude, Gerhard von Cornazzano, der Gastaldio Rozo. — Per manum Frugerii archipresbyteri et capellani. — Aus dem Original im Archiv zu Guastalla (damals): *Benamati* Istor. d. città di Guast. 85 mit Ind. V, danach *Affò* Istor d. città e ducato di Guast. 826.

1101 Mai 1.

50. **Guastalla.** Mathilde erlässt auf Klagen der auf Reginensischen Kirchengütern im Gebiet von Correggio und Mandria Wohnenden den Befehl, dass ihre Getreuen obengenannte Leute nicht weiter belästigen sollen. — Anwesend: Cardinaldiakon Paganus und Bischof Bonussenior von Reggio. — Zeugen: Raimund (von Baise?), Bolencio, Raginer. — Per manum Frugerii archipresb. et capellani. — Aus dem Original (damals) im bischöfl. Archive zu Reggio: *Ughelli* It. sac. II, 284, danach *Fiorentini* Mem. II, 170, danach *Rena e Camici* Mathilda IV, 67.

51.

Mai 4?
Mai 6? **Gubernulum.** Mathilde bestätigt dem Abte Alberich von Polirone den Besitz der schon von ihrem Vater Bonifacius geschenkten Insel Revere und einer Besitzung im Hofe Bagnolo unter nochmaliger genauer Festsetzung der Grenzen dieser Güter, da der Abt über Belästigung derselben von seiten eines in Burbassio wohnenden Villicus der Gräfin Klage geführt hat. — Unter den Zeugen: Erzpriester Peter von Roncoferrario', Erzpriester Friedrich von Carpi, Erzpriester Zeno von Burbassio, Sichezo von Roncoferrario, Roland, Sasso von Bianello, Amedeus von Nonantula. — Anselmus notarius etc. — Aus dem Original (damals) im Archiv des Klosters Polirone: *Bacchini* Dell'ist. di Polirone 48, danach *Fiorentini* Mem. II, 172, danach *Rena e Camici* Mathild. IV, 68, alle mit 1101, Mai 4, „die lunae". Der Montag fällt jedoch auf den 6. Mai. Der Ausstellungsort ist Governolo. 52.

1102
März 15. **Carpenetum.** Mathilde nimmt das Armenhospital in Campo Camelasio in ihren ganz besonderen Schutz und schenkt ihm vier Sextarien des umliegenden Landes sowie einen Teil des benachbarten Waldes. — Zeugen: Arduin (von Palude?), Raimund (von Baise?), Ubald und Richter Ubald. — Per manum Frugerii archipresb. et capellani. — *Fiorentini* Mem. II, 175 ohne Angabe der Quelle, danach *Tacoli* Memor. d. Reggio II, 268 u. *Rena e Camici* Math. IV, 71. 53.

Notale. Mathilde schenkt dem Fosculo Scarpetta einen Berg bei Pisa mit dem vierten Teil der dabei gelegenen Burgen Zatretum, Razzano, und Papiano samt ihren Pertinenzien. — Ego Ardericus iudex interfui et scripsi. — Aus einer Abschrift des Herrn Hofrat Ficker, die ich seiner Güte verdanke, nach einer Copie des 16. Jahrhunderts. 54.

Mai 14. **Polirone.** Kardinallegat Bernhard überträgt mit Zustimmung der Gräfin Mathilde, die mit dem Kardinaldiacon Paganus, dem Bischofe Ugo von Mantua und dem Abte Ariald von St. Dionysio in Mailand anwesend ist, die Verwaltung des Hospitals in Mantua, die bisher Kloster St. Andreas zu Mantua gehabt, an Kloster Polirone, weil der Abt von St. Andreas die Einkünfte des Hospitals für weltliche Zwecke benutzt und die Güter verschleudert habe. — Per manum Frugerii archipresb. et capellani — Aus dem Original (damals) im Archiv von Polirone: *Bacchini* Dell'Istor. d. Polir. 51, danach *Fiorentini* Mem. II, 179 mit Ind. VIIII, *Rena e Camici* Math. IV. 74 mit Ind. XI.

55.
Juni 1. Guastalla. Mathilde schenkt der dem Kloster Polirone gehörigen Kirche in Gonzaga Ländereien bei Quistello deren Grenzen genau festgesetzt werden. — Zeugen: Roland, Sohn des Paganus von Corsina, Robert von Bellemine, Raginer von Castellarano, der Kleriker Dominikus von Gonzaga, Opizo (von Gonzaga?), der Kämmerer Rainer und der Kapellan Ricard. — Rodulfus notarius sac. pal. etc. — Ohne Signum der Mathilde. — Aus dem Original (damals) im Archiv von Polirone: *Bacchini* Dell' istor. di Polir. 46, danach *Fiorentini* Mem. II, 159; *Rena e Camici* Math. IV, 77. — Die beiden ersten datieren 1100, Ind. X, Rena dagegen MC., Ind. X, wobei er 1102 annimmt. Für letztere Annahme spricht auch Ind. X.

56.
Juni 4. Mirandola. Mathilde überlässt der Äbtissin Imelda von Kloster S. Sisto in Piacenza die Gerichtsbarkeit im Kastell Guastalla und verpflichtet sich, ferner nichts mehr von Hof und Kastell Guastalla anderweitig zu Lehen zu geben. — Zeugen: Opizo von Parpanese, Alvardus, Belencio, Lanfrank, Johannes Bonus, Martinus Bivinus. — Ego Johannes iudex sac. pal. scripsi. — Aus dem Original (damals) im Archiv des Klosters S. Sisto: *Muratori* Ant. It. VI, 71, danach *Fiorentini* Mem. II, 182; *Rena e Camici* Math. IV, 78.

57.
Oct. 18. — Mathilde giebt zusammen mit dem Kardinallegaten Bernhard der Kirche St. Apollonius zu Canossa einen Wald bei Villa de Lachini und Milliaria. — Unvollständig ohne Zeugen, Notar und Ausstellungsort bei *Muratori* Ant. It. V, 207.

58.
Nov. 17. Canossa. Mathilde erneuert in Anwesenheit des Kardinallegaten Bernhard die Schenkungsurkunde, durch welche sie zur Zeit Gregors VII in Rom ihr gesamtes Gut diesseits und jenseits der Alpen der römischen Kirche zu eigen gegeben. — Ardericus iudex, Ubaldus iudex. — Zeugen: Atto von Monbaranzon und Bonvicinus von Canossa. — Guido notarius sacri palatii etc. — *Baronius* Annal. eccles. XII, 27 aus einer vatikanischen Handschrift

und dem liber censuum Cencii, nach letzterem auch *Theiner* Cod. dipl. sanct. Sedis I, 12. *Gretser*, Sebastian Tengnagel, Vetera monumenta contra schismaticos II, 234 nach der vatic. Handschrift. Danach: *Leibnitz* SS. rer. Brunsv. II, 687, danach *Muratori* SS. V, 384 und *Lünig* Cod. It. dipl. II, 702: nach ersterem *Fiorentini* Mem. II, 185. *Tiraboschi* Mem. Mod. II, 68, *Rena e Camici* Math. IV, 80 mit Datierung Oktober 17. *Pannenborg* Studien zur Geschichte der Herzogin Mathilde von Canossa (Göttinger Gymnasialprogramm 1872) S. 40. giebt den Text mit allen Varianten. 59.

1102 **Parma**. Mathilde bestätigt dem Bischofe Ruggero von Volterra die ganze Herrschaft von Volterra und von dessen Gebiete mit der Bedingung, dass er sie ausüben sollte im Verein mit vier von der Commune gewählten Bürgern. — Erwähnt in Storia Volterana d. R. Maffei ed. A. Cinci, S. 48. 60.

1103 März 18. Castrum Pancianum. Mathilde giebt auf Veranlassung und mit Erlaubnis des Kardinallegaten Bernhard, Vikars Paschalis II in Lombardien, der Abtei Nonantula zur Wiederherstellung ihres Schatzes Hof und Burg Zola mit drei Kirchen, den Hof Rigosa mit einer Kirche, das Kastell Thedaldi mit einer Kirche und alle Güter und Ländereien, die sie in der Grafschaft Ferrara besitzt, wobei hervorgehoben wird, dass sie alle diese vorgenannten Besitzungen der römischen Kirche zu eigen gegeben und sie von dieser wieder in Besitz habe, daher denn auch die Abtei alljährlich einen Bisantius an den Lateran zahlen soll. — Anwesend: Cardinalpresbyter Bernhard, Vikar und Legat Paschals II in Lombardien und der Mönch Johannes. — Zeugen: Alberich, Ugo Armatus, Alberich von Nonantula. — Wido notarius etc. — Aus dem Original (damals) im Archiv des Klosters Nonantula: *Savioli* Annal. Bologn. I, 2, 144, *Ughelli* It. sac. II, 170 und *Muratori* Ant. It. V, 655, nach den beiden letzteren: *Fiorentini* Mem. II, 177, danach, aber gekürzt, *Rena e Camici* Math. IV, 72; *Contelorius* Geneal. 120, danach stark gekürzt: *Fiorentini* Mem. II, 184 und *Rena e Camici* l. c. 8. — Über die Datierung vergl. Scheffer-Boichorst in den Mitteil. d. Instit. f. öst. G. F. Bd. IX, S. 179 Anm. 1. Contelorius datiert 1102 Oktober 18 Ind. XI, Ughelli 1102

Oktober 28 Ind. XI, alle übrigen 1102 März 17 oder 18 Ind. XI. Aber Ind. XI spricht für 1103; auch lässt sich die Indiction mit der Jahreszahl völlig in Einklang bringen, wenn man in der Urkunde die Anwendung des Calculus Florentinus annimmt, demzufolge das Jahr 1102 erst am 24. März 1103 zu Ende ging. — Panciano liegt in der Grafschaft Ferrara. 61.

Jan. 1 —
Sept. 24. Nonantula. Mathilde schenkt dem Kapitel von Pisa zum Neubau des Domes Hof und Kastell Papiani, Hof und Kastell Livorno und ein Stück Landes vor den Mauern der Stadt Pisa. — Zeugen: Graf Albert, Arduin von Palude, Raimund von Baise, Ugo de Manfredis, die Söhne Rozos (von Pelano), Hildebrand, Vicegraf der Stadt Pisa. — Ego Bernardus domn. imperat. notarius authenticum huius vidi, legi. exemplavi et subscripsi. Ego Ugo notarius apostol. sedis authenticum huius vidi, legi, exemplavi et subscripsi. — *Martini* Theatrum basil. Pisan. 81, danach *Fiorentini* Mem. II, 192, danach *Rena e Camici* Math. IV, 62 mit unvollständiger Zeugenreihe. Durch die Güte des Herrn Hofrat Ficker wurde mir auch eine von ihm selbst genommene Abschrift der Urkunde nach einer beglaubigten Copie des 12. Jahrhunderts im erzbischöflischen Archiv zu Pisa zugänglich. 62.

Nov. 11. Burgo Marturi. Auf Befehl der Gräfin Mathilde refutiert im Gerichte derselben ein gewisser Rainer, Sohn des Ardingus dem Abte Peter von Kloster Putheoli (heute Posseveri in der Garfagnana) ein Stück Landes in Saturno, weil er dem Abte seit zwei Jahren keinen Zins bezahlt hatte. — Leo iudex dmn. regis scripsi. — Nach dem Original (damals) im Kapitelsarchiv zu Lucca: *Fiorentini* Mem. II, 187, danach *Rena e Camici* Math. IV, 88, und *Lami* Eccles. Flor. Mon. III, Index Chronol. ad annum 1103, Seite CLXXIV und IV, S. 27. 63.

Nov. 19. In loco, qui dicitur monasterio S. Salvatoris, comitatu Aretino. Mathilde und Graf Guido Guerra schenken an Kloster Vallombrosa alle ihre Besitzungen zu beiden Seiten des Flusses Vicano, und die Hälfte der Burg Magnale mit dem Hofe von Papiano. — Zeugen: Graf Albert von Prato, Graf Albert, Sohn des Grafen Boso, Ariald von Melegnano, Teuzo Orevello, Rainer von Sasso, Tedaldinus von San Miniato, Bornhard, Ugos Sohn,

Dominicus, Sohn des Baronius. — Lambertus notarius etc. — Aus dem Original (damals) im Archiv des Klosters Vallombrosa *Bacchini* Dell'istor. di Polirone 73, danach *Fiorentini* Mem. II, 188, *Lami* Eccles. Flor. Mon. III, Index Cronol. ad annum 1108, *Ughelli* It. sacr. III, 289. Auszüge bei *Mabillon* Annal. V, 427 und 464.   64.

Dezbr. 28. Villa Magisi. — Mathilde sichert dem Bischofe Laurentius von Populonia den Besitz der Hälfte des von der Gräfin Joletta geschenkten Hofes und Kastells Trecase durch Investitur und Bann. Unter den Anwesenden: Arduin, Widos Sohn, Ugo de Manfredis, Ugo Armatus von Nonantola, Raimund von Baise, Rainer, Widos Sohn. — Sigefredus iudex scripsi. — *Ughelli* It. sac. III, 711; danach *Fiorentini* Mem. II, 199;*Rena e Camici*, Math. IV. 95. Durch die Güte des HerrnHofrat Ficker wurde mir zudem eine von ihm selbst nach dem Original im Staatsarchiv zu Florenz genommene Abschrift zugänglich.   65.

1104 Januar 14. Villa Carpeneta iuxta civitatem Pistoriam. Mathilde schenkt dem Kloster Fontana-Taoni sechs Stücke Landes in „Culto Pla ..". — Anwesend: Bischof Dodo von Modena, Erzpriester Bonitho, Aliprand und Primecerius von Baise, Ugo von Nonantola, Bernard, Sohn der Imelda von Feroniano, Sasso von Bianello, Wilhelm von Ferrara, Corvulus von Feroniano, Wido von Pisa, Vogt Bonectus von Pistoja, Bernhard der Beneventer. — Ego Sigefredus iudex et tabellio scripsi. — Aus dem Original im Archive von St. Michael in Furcule zu Pistoja: *Zaccaria* Anecd. 802, *Fioravanti* Memor. ist. d. Pistoja, Doc. 27, *Lami* Deliz. ad Leonis Urbevet. chron. I, 189, danach *Lami* Eccles. Florent. Mon. IV, 57 — *Muratori* Ant. It. III, 775, danach *Tacoli* Mem. di Reggio I, 304; *Rena e Camici* Mathilda IV, 89.   66.

April 24. Nogaria. Mathilde bestätigt der Abtei Polirone eine schon von Thedald und Bonifacius gemachte Schenkung bestehend in der Kirche St. Michael von Cotornione und anderen Besitzungen, namentlich dem Walde von Casaleone. — Anwesend: Bischof Ugo von Mantua. — Zeugen: Graf Guido Guerra, Graf Albert, Bosos Sohn, Arduin (von Paluda?), Gerhard, Bosos Sohn (von Carpineta), Ugo de Manfredis, Sasso und Rainer von Bianello, Lanfrank, Opizo von Gonzaga. — Ubaldus iudex notarius etc. — Nach dem Original (damals) im Archiv des Klosters Polirone. *Bacchini* Dell'istor. di Polir. 54, danach *Fiorentini* Mem. II, 195; *Rena e Camici* Math. IV, 92.   67.

Mai. St. Caesarii. Bischof Landulf von Ferrara belehnt in Anwesenheit der Mathilde den Nordillus von Castellovetere mit einer Reihe von Gütern unter der Bedingung, dass er während seiner Lebenszeit Mathilde diene, seine Erben jedoch dem Bischof. — Anwesend: Bischof Bernhard von Parma, Vicar der römischen Kirche, Bischof Ugo von Mantua, Richter Ubald, Richter Gandulf von Argelate, Wilhelm von Ferrara, Peter Taurellus, Ubertus Pre-Fontini, Azo von Sala, Kalner, Sohn des Bulgarellus, Alberich von Nonantula, Ribald von Vignola. — Ego Dominicus sac. pal. notarius scripsi. — Aus einer Copie des Jahres 1178: *Muratori* Ant. It. I, 593 mit 1091 Mai, Ind. XII. Dass bei dieser Datierung ein Irrtum des Kopisten vorliegt, ist zweifellos, wie auch *Barotti*, *Serie de' vescovi di Ferrara*, 17. annimmt. Die Urkunde kann unmöglich ins Jahr 1091 gesetzt werden, denn Bischof Ugo von Mantua hat erst 1102 den Bischofsstuhl bestiegen und der Aussteller der Urkunde Landulf, ist erst seit 1104 Bischof von Ferrara, auch Nordillus von Castellovetere wird erst 1106 erwähnt, erscheint aber dann recht häufig als Zeuge in den mathildischen Urkunden. Wahrscheinlich gehört die Urkunde in das Jahr 1104, wo Landulf Bischof wurde. Zunächst passt Ind. XII auf 1104, sodann wissen wir, dass Ende April dieses Jahres sich der Bischof Ugo von Mantua am Hofe der Mathilde aufhielt, es ist also sehr gut möglich, dass er auch im Mai noch dort geweilt hat, und zudem pflegten ja die Bischöfe gleich nach ihrer Inthronisation alte Lehen zu bestätigen und neue zu vergeben.   68.

Sept. 15. Cusconia. Mathilde schenkt im Beisein und mit Zustimmung des Kardinallegaten Bernhard die Hälfte der zwischen den Flüssen Lario und Gorgo gelegenen Insel Gorgo dem Kloster Polirone, dem Graf Thedald bereits die andere Hälfte geschenkt hatte. — Zeugen: Die Getreuen der Gräfin Bernhard der Beneventer und Bernhard von Peroniano. — Per manum Frugerii archipresbyt. et capellani. — Aus dem Original (damals) im Archiv des Klosters Polirone: *Bacchini* Dell' ist. di Polir. 55, danach

Lünig Cod. It. dipl. I, 1585 und *Fiorentini* Mem. II, 196, *Margarini* Bull. Cass. II, 120, *Rena e Camici* Math. IV, 16. — Der Ausstellungsort ist Coscogno im Süden der Grafschaft Modena, in der Fregnana. 69.

Sept. In comitatu Mutinensi. Mathilde restaurirt im Beisein des Bischofs Doto von Modena und und vieler Getreuen aus Lombardien und Tuscien und auf Veranlassung des Kardinallegaten Bernhard den Kanonikern von St. Zeno in Pistoja den Hof Pavana mit dem darin errichteten Kastell Sambuca. — Petrus notarius etc. — *Rena e Camici* Math. IV, 93 ohne Ind. 70.

1105 Mai 12. Gonzaga. Mathilde schenkt der Kirche St. Michael in Cotornione einen Mansen Landes in Villa Casaleone. — Unter den Zeugen: Armatus Tebertus von Bulgano, Raimund von Baise, Ariald von Melegnano, Opizo von Gonzaga, Martinus Blanco. — Ego Wido sac. pal. notarius etc. — Aus dem Original (damals) im Archiv des Klosters Polirone: *Margarini* Bullar. Cassinense II, 121, danach *Rena e Camici* Math. IV, 18 — *Bacchini* Dell'istor. di Polir. 61, danach *Fiorentini* Mem. II, 201; *Conteloriua* Geneal. 125, danach *Fiorentini* Mem. II, 200, alle ohne die Zeugenreihe, die sich nur bei Rena findet. 71.

Juni 22. St. Caesarii. Mathilde bestätigt den Mönchen von Montecassino eine Schenkung, die ihr Vasall Gerhard von Corviago dem Kloster an dem Orte Pastorini gemacht hat. — Unter den Anwesenden: Ariald von Melegnano, Ugo Armatus, Albert de Manfredo, Ubald von Scavato, Tebert von Nonantola, Cuno von Bondeno, Raginer, Sohn des Bulgarellus, Sigezzo, Sohn des Lambert von Bologna, — Dominicus s. p. [notarius]. — Aus dem Original im Archiv von Montecassino: *Muratori* Ant. It. V, 611, danach *Fiorentini* Mem. II, 208; im Auszug bei *Tacoli* Mem. d. Reggio II, 626. 72.

Juni. St. Caesarii. Dieselbe Güterbestätigung der Mathilde für Montecassino (vergl. Reg. 72), doch sind grossenteils andere Zeugen vorhanden. — Unter den Anwesenden: Sasso von Bianello, Ugo Armatus, Albert Lupo, Ritter von Goriano, Azzo von Macreto u. a. — Dominicus sac. pal. notarius etc. — Aus dem Original (damals) im Archiv von Montecassino: *Muratori* Ant. It. V, 618, danach *Fiorentini* Mem. II, 202. 73.

Juli 10. **Villa Faxana.** Mathilde sichert dem Kloster Potheoli (heute Posseveri) den Besitz der von Hildebrand, dem Sohne des Paganus von Corsina geschenkten Güter durch den Bann. — Anwesend: Graf Albert, Raimund von Baise und Vogt Lambert von Lucca. — Sanctius notarius etc. — Aus dem Original (damals) im Kapitelsarchiv zu Lucca: *Fiorentini* Mem. II, 204, danach *Pacchi* Ricerche istor. d. Garfagnana IV; *Rena e Camici* Math. IV, 96. Der Ausstellungsort ist Fazzano im Val di Magra bei Fivizzano in der Garfagnana.   74.

Juli 19. **Galliganum.** Mathilde giebt dem Kapitel von Bologna die Kirche St. Michael bei Kastell Argellate mit ihren Pertinenzien und den vierten Teil von Massa Taurani, behält sich jedoch von letzterem Districtum, Placitum und Zehnten für ihre Lebzeiten vor. — Anwesend: Bonussenior, Bischof von Reggio und Capellan der Gräfin, Alberich und Trochus. — Ohne Notar. — Nach dem Original (damals) im Kapitelsarchiv zu Bologna: *Sarioli* Annali Bolognesi 1, 2. 146. — Galliganum liegt in der Grafschaft Lucca.   75.

Oct. 7. **Villa Sevis.** Mathilde sichert die dem Kloster St. Peter zu Luco von Zabulina, der Wittwe des Grafen Theoderich von Gardia, der Gemahlin des Grafen Ardingus, und von Parenza, der Gemahlin des Grafen Donatus geschenkten Güter durch den Bann. — Anwesend: Ariald von Melegnano, Ugo, Ugos Sohn, Johannes, Sohn des Donatus. — Pandolfus notarius etc. — Aus dem Original (damals) im Archiv von St. Michael in Pisa: *Fiorentini* Mem. II, 206. *Lami* Eccles. Flor. Mon. III, Index Chronol. ad. annum 1105 S. CLXXVII; *Rena e Camici* Math. IV, 99. — Der Ausstellungsort liegt im Val di Sieve, der sich östlich von Florenz von Norden her in den Arno ergiesst.   76.

Oct. 28. **In comitatu et territorio [Volterrensi].** Mathilde sichert die Güter der Kathedrale von Volterra durch den Bann. — Ego Cunradus [iussu] Iam dicte [comitissae] . . . . scripsi. — Aus dem Original (damals) im Kapitelsarchiv von Volterra: *Muratori* Ant. It. I, 965, danach *Fiorentini* Mem. II, 207; *Rena e Camici* Math. IV, 100. Die Drucke sind stark lückenhaft. Rena datiert Oktober 28.   77.

1106
Jan. 9. Custellum. Mathilde spricht dem Prior des der Abtei S. Salvatore in Pavia zugehörigen Hofes Melaria das alleinige Recht der Schweinemast im Walde von Melaria zu, welches ihm von den Leuten der Gräfin in Revere bestritten worden war, worüber der Prior schon früher in einer Gerichtssitzung der Gräfin zu Nogara Klage geführt hatte. — Anwesend: Bischof Ugo von Mantua. — Zeugen: Wibert, Gandulfs Sohn, Alberich von Nonantola, Gerhard und Uglccio von Erbera, Sasso von Bianello, Ugo Massarius, (vergl. Regest 77), Daibert von Revere, Johannes Rivarius; Paulus Canevarius, Albert (Priester) von Melaria u. a. — Per manum Frugerii archipresb. et capellani. — Aus dem Original (damals) im Archiv von S. Salvatore in Pavia: *Muratori* Ant. It. V, 428, danach *Fiorentini* Mem. II, 209, *Rena e Camici* Math. IV, 101. Der Ausstellungsort ist Quistello. 78.

März 10. Guastalla. Mathilde erneuert und bestätigt dem Kloster Standelmont bei Nancy ihre im Jahre 1196 gemachten Schenkungen (vergl. Reg. 86). — Anwesend: Bischof Gebhard von Constanz, apostolischer Legat, Bischof Wido von Chur und der Priester Albert. — Zeugen: Graf Folcmar von Metz, Graf Peter, Sohn des Grafen Friedrich, Graf Berengar von Bajoaria, Raimund von Baise, Sasso von Bianello, Ariald von Melegnano, Vogt Odald, Arnulf von Aspermont; „de familia dominae.: Ugo Massarius (vergl.Reg. 76), die Brüder Drogo und Lambert von Sathanaco, Werner von Briey, Arduin von S. Sulpice. Wilhelm, Enkel Manegolds, Ugo von Speier, Heinrich von Castagneto. — Per manum Frugerii archipr. et capellani. — *Calmet*, Histoire de la Lorraine I, 2. 520, danach *Rena e Camici* Math. IV, 105. 79.

Sept. Castrum Holerianum. Mathilde bestimmt auf Klage eines Missus des Abtes von St. Prosper in Reggio, dass Albert von Monbaranzon die dem Kloster entrissene Besitzung in Canetulo zurückgeben soll. — Anwesend: Arduin (von Palude?), Raimund von Baise, Sasso von Bianello und der Erzpriester von Compiliola. — Scripsi ego Ubaldus iudex. — *Tiraboschi* Memor. stor. Modenese II, 71 ohne Ind. u. ohne Quellenangabe. — Der Ausstellungsort ist Castellarano südlich von Modena. 80.

Dez. 30. Bondenum de Roncore. Mathilde bekundet, dass sie den vierten Teil von Rocca Tiniberti, den sie von den Manfredis käuflich erworben, für 20 Pfund Silberdenare an Rainer, Rainers Sohn und an Konradin und Gerhard, die Söhne des Belencherius, verkauft habe. — Zeugen: Sasso von Bianello und sein Verwandter Rainer, Rotecherius von Gonzaga, Winizo von Bondeno, Alberich von Nonantula mit seinem Sohne Amadeus, Rodulfus Pilosus. — Ego Rodulfus notarius etc. — *Tiraboschi* Mem. stor. Modenese II, 78 mit 1107, Ind. XV, ohne Quellenangabe. 81.

Dez. 80. Nogaria. Mathilde schenkt der Abtei Polirone ihre Besitzungen im Hofe Villolae und auf der Insel St. Benedicti, deren Grenzen genau festgesetzt werden, und bestätigt zugleich die dem Kloster von ihren Eltern gemachten Schenkungen Caput de Vico, die Höfe Quistello, Septingenti und Casalebarbato und einen Teil von Burbassio. — Anwesend: Bischof Ugo von Mantua. — Zeugen: Graf Guido Guerra, Graf Albert, Bosos Sohn, Ugo de Manfredis, Sasso (von Bianello) und sein Genosse Rainer, Nordillus von Castellovetere (vergl. Reg. 65), Lanfrank von Savignano, Opizo von Gonzaga, Rainer von Castellarano, Alberich von Nonantola, Arduin, Guidos Sohn. — Ubaldus iudex scripsi. — Aus dem Original (damals) im Archiv des Klosters Polirone: *Bacchini* Dell'istor. del monast. di S. Benedetto di Pelirone 62, danach *Fiorentini* Mem. II, 214, *Margarini* Bull. Cassin. II, 122. 82.

1106-1107 Jan. 8. Baioaria. Mathilde billigt einen vom Kardinallegaten Bernhard zu stande gebrachten Vergleich zwischen dem Bischofe Dodo von Modena und dem Abte M..... von Pomposa, die Kirche St. Michael in Soleria betreffend. — Anwesend: Die Bischöfe Bernhard von Parma, Peter von Pistoja und Dodo von Modena. — Aus dem Original (damals) im Estenser Archiv: *Muratori* Ant. It. V, 934, danach *Fiorentini*, Mem. II, 211, *Rena e Camici* Math. IV, 103. — Die Urkunde ist lückenhaft, ohne Notar, ohne Datum und Indiction. Doch lässt sich das Jahr der Ausstellung nach den Regierungsjahren der anwesenden Bischöfe feststellen. Bernhard von Parma regierte von 1106—1133, Peter von Pistoja von 1086—1107 den 8. Januar; also kann die Urkunde nur in die Zeit von 1106—1107 Januar 8. gehören. — Baioaria liegt in der Grafschaft Modena. 83.

1107

Jan. 28. **Infra comitatum Volterrense.** Mathilde sichert dem Kapitel von Volterra genannte Güter durch den Bann. — Petrus notarius etc. — Nach dem Original (damals) im Kapitelsarchiv zu Volterra: *Muratori* Ant. It. I, 971, danach: *Fiorentini* Mem. II, 217, *Rena e Camici* Math. V, 57. **84.**

Febr. 2. **Villa Turicella.** Mathilde schenkt der Marienkirche in Verdun ihre Besitzungen Septiniacum und Mosagium. — Anwesend: Bischof Ugo von Mantua. — Zeugen: Ariald von Melegnano, Rainer von Sasso, Boso, Sohn des Uzolus, Gualdus, Bosos Sohn, Alberich Pizo von Pavia, Ugo de Molnis, Albert von Villare, der Canoniker Bonus der Marienkirche in Verdun, Rodulfus Alifarius von Septiniacum. — Ego Johannes palatinus iudex scriptor. — *Calmet* Histoire de la Lorraine I. [2.] 524, danach *Rena e Camici* Math. V, 58. — Turriella liegt am Po, östlich von Cremona. **85.**

März 1. **Polirone.** Mathilde befreit auf Bitten des Bischofs Dodo von Modena die Leute im Hofe Massa von der Last der Albergaria. — Anwesend: Bischof Ugo von Mantua. — Ohne Zeugen und Notar. — Aus dem Original (damals) im Estenser Archiv: *Muratori* Ant. It. II, 59, danach *Fiorentini* Mem. II, 218, *Rena e Camici* Math. V, 59. **86.**

Juni. **In obsidione Prati.** Mathilde bestätigt dem Abte Anselm von S. Salvatore in Fucecchio den Besitz des dem Kloster zugehörigen Teiles von Kastell Montalto und sichert denselben durch den Bann. — Unter den Anwesenden: Bischof Hildebrand von Pistoja, Raimund von Baise, Arduin, Bosos Sohn, Wibert von Saviola, Corbo von Ferignano, Ugo de Manfredis, Rainer, Sohn des Bulgarellus, Alluccio von Lucca. — Gerardus notarius etc. — Aus dem Original (damals) im Archiv von St. Pontiano in Lucca: *Fiorentini* Mem. II, 71 und *Ughelli* It. sac. III, 293; *Rena e Camici* Math. V, 1. **87.**

(Juni?) **Apud Pratum in obsidione dicti castri.** Mathilde schenkt an die Kirche St. Zeno in Pistoja. — Per manum Ribaldi eiusdem cometissae capellani. — Im Auszug, unvollständig bei: *Fioravanti* Mem. ist. della citta di Pistoja, Doc. 28. **88.**

Juli 25. **Caballaria comitatu Volterrensi iuxta Cicinensem fluvium.** Mathilde schenkt dem Kloster St. Michael zu Marture (Poggibonsi) eine Wiese und einen Wald, am

Sept. 25—30.		89.

Flusse Ilsa gelegen. — Zeugen: Raimund von Baise, Ugo und Albert, Söhne Manfreds, Sasso und Rainer (von Bianello) u. a. — Maurinus sac. pal. iudex scriptor. — Aus dem Original (damals) im Archiv des Bonifaziushospitals (zu?) *Rena e Camici* Math. V. 60. **89.**

Baioaria. Alfred und Peter, Söhne des Albert von Savignano, Alfred und Roland, Söhne des Guido und andere überlassen in Anwesenheit der Gräfin Mathilde alle ihre Rechte auf den Schadenersatz, den sie von Ardizio von Bagno zu fordern haben, dem Bischof Dodo von Modena. — Anwesend: Rainer, Sohn des Bulgarellus, Alberich und Tebert von Nonantola, Azo von Sala, Lanfrank und Iginulf von Gandaceto, Grimald, Arnuile von Feroniano, Vogt Rotechild, Raginfred von Bulugula u. a. — Ego Dominicus notarius etc. — Aus dem Original (damals) im bischöfl. Archiv zu Modena: *Muratori* Ant. IV, 729 **90.**

1108 März 2. Castrum Floranelli. Mathilde belehnt die Natalia Mazola und deren Sohn mit Ländereien in Argellate. — Zeugen: Alberich, Sohn des Bulgarus, Rodulf von Garfagno, Azo von Sala, Lanfrank von Savignano. — Florus tabellius scripsi. — Aus dem Original (damals) im Archiv von Pomposa: *Savioli* Annali Bologn. I. 2. 148 mit Ind. XV. **91.**

April. Gubernulum. Mathilde schenkt dem Bischof Dodo von Modena Rocca St. Maria (heute San Maria di Castello) mit allen Pertinenzien. — Anwesend: Bischof Dodo von Modena, Graf Albert und sein Bruder Ubert, Raimund von Baise, Bernhard de Manfredis, Ariald von Melegnano, Vogt Rotechild, Azo von Modena, Albertus Bonus. — Ego Dominicus sac. pal. notarius etc. — *Sillingardi* Catal episc. Mutinens. 74, *Ughelli* It. sac. II, 116. **92.**

Juni. Mons Baranzonis. Mathilde verbietet auf Klage des Bischofs Dodo von Modena die Übergriffe, die sich ihre Ministerialen den Leuten des Bischofs im Hofe Rocca St. Maria (vergl. Reg. 90) gegenüber hatten zu Schulden kommen lassen. — Anwesend: Rainer, Sohn des Bulgarellus, Ugo de Manfredo, Raimund von Baise, Bernhard der Beneventer, Gerhard, Bosos Sohn (von Carpineta), Iginulf von Gandaceto, Ardizio und Azzo von Macreta, Ardizio von Brolio, Bellentio und Rozo, Söhne Rozos von Pellano. — Dominicus sac. pal. notarius etc. — Aus dem

Original (damals) im bischöfl Archiv zu Modena: *Muratori* Ant. It. I, 737, danach *Fiorentini* Mem. II, 219, *Rena e Camici* Math. V, 62. 93.

Sept. 16. St. Caesarii. Mathilde giebt den Brüdern Hildobrand und Guido eine grosse Anzahl von Ländereien in den Höfen Zola, Rigosa und Gesso (vergl. Reg. 59) und an anderen Orten zu Lehen mit der Bedingung, die Burg Rocca di Gissudello zu halten und zu bewachen und jährlich für die genannten Ländereien einen bestimmten Zins an die Abtei Nonantola zu zahlen. — Ego Daniel Montebelliensis archipresbyter interfui etc. — Stark verkürzt aus dem Original (damals) im Archiv zu Nonantola: *Tiraboschi* Badia di Nonantola II, 220 und *Muratori* Ant. It. II, 518, danach *Fiorentini* Mem. II, 228 und *Rena e Camici* Math. V, 68. 94.

Oct. 16. Campagnola. Mathilde und Graf Guido, Guidos Sohn, schenken der Abtei Polirone einige Güter in Casaleone und Nogaria. — Zeugen; Ugo, Robert, Bernard, Gandulf, Gerhard, Ubert, Arduin. — — Wilielmus notarius. — Aus dem Original (damals) im Archiv des Klosters Polirone: *Bacchini* Dell' istor. di Polir. 69, danach *Fiorentini* Mem. II, 221, danach *Rena e Camici* Math. V, 3, *Margarini* Bull. Cassin. II, 126, alle mit Ind. I. 95.

1109 März 17. Gonzaga. Mathilde erneuert die am 30. Dez. 1106 zu Nogaria dem Kloster Polirone von ihr gemachte Schenkung. — Zeugen: Arduin von Palude und dessen Söhne Guido und Gerhard, Sasso von Bianello, Gerhard von Erbera, Gerhard, Bosos Sohn (von Carpineta), Opizo von Gonzaga. — Johannes palatinus iudex scriptor. — Aus dem Original (damals) im Archiv des Klosters Polirone: *Bacchini* Dell' istor. di Polir. 81, danach *Fiorentini* Mem. II, 225, *Rena e Camici* Math. V, 65. 96.

März 18. Gonzaga. Mathilde erhält vom Abte Alberich von Polirone Kastell und Burg Governolo auf der Insel St. Benedicti zu Lehen unter der Bedingung, dass sie und ihre Rechtsnachfolger alljährlich 100 Lucensische Solidi dem Kloster zahlen, wobei jedoch der Abt gestattet, dass die mathildischen Ritter, welche im Hofe Villolne oder auf der Insel St. Benedicti Lehen der Gräfin inne haben, sie auch ferner von ihr besitzen sollen, wofür aber die Gräfin an Stelle der Ritter die Lebensdienste dem Kloster leisten

muss; auch die Albergarie der Leute in Villolae und auf
der Insel St. Benedicti soll die Gräfin weiter besitzen;
nach ihrem Tode jedoch soll dieselbe sowie auch die
Lehen der Ritter wieder an das Kloster fallen. — Zeugen:
Arduin von Palude, Sasso von Bianello, Rodulfus Piloso,
Gerhard, Bosos Sohn (von Carpineta), Kämmerer Roland.
— Johannes palatinus iudex scriptor. — Aus dem Original
(damals) im Archiv des Klosters Polirone: *Bacchini* Dell'
istor. di Polir. 83, danach *Fiorentini* Mem. II, 226, *Rena e
Camici* Math. V, 67. 97.

Juni 9. St. Caesarii. Mathilde refutiert dem Bischof Landulf von
Ferrara den Fundus Butrignano am Po, sowie Besitzungen
in Villa Comite, Manozo, Villanova, Bagnolo, Panzano,
Flosso, Filzatico, Runzi und Sadriano. — Anwesend:
Bischof Bernhard von Parma, Vicar des Papstes Paschalis
in Lombardien, Bischof Ugo von Mantua, Arduin von
Palude, Azo von Sala, Sasso von Bianello, Alberich von
Nonantula, Azo, Ubalds Sohn, Raimund von Rodilia,
Iginulf von Gandaceto, Raimund von Nonantula, Peter
von Remeneda, Sichelmus und sein Sohn Siginulf, Peter
von Garimondo, Signorellus, Sohn des Crescentius, Gerhard
von Vitale, Wido von Ozone. — Bonusvicinus notarius
etc. — Aus dem Original (damals) im Estensischen Archiv:
Muratori Ant. It. III, 734, danach im Auszug bei *Tacoli*
Mem. di Reggio III, 291; *Rena e Camici* Math. V, 78. 98.

Nov. 4. Pons ducis. Mathilde tauscht mit dem Erzpriester Michael
der Plebis St. Martini bei Casaletto einen Mansen in
Villolae ein gegen einen Mansen in dem Hofe der genannten Plebis. — Zeugen: Ugo de Manfredo, Tebert
von Nonantola, Azo von Sala, Rabald von Vignola, Nordillus von Castellovetere. — Per manum Rabaldi, comitissae capellani. — Aus dem Original (damals) im Archiv
des Klosters Polirone: *Bacchini* Dell' istor. di Polir. 85,
danach *Fiorentini* Mem. II, 230, *Margarini* Bull. Cassin.
II, 127, *Rena e Camici* Math. V, 77, alle mit Ind. II. —
Pons ducis liegt im Modenesischen, dicht an der Grenze
der Grafschaft Ferrara. 99.

Nov. 4. Pons ducis. Mathilde schenkt dem Kloster Polirone einen
Mansen in Villolae. — Zeugen wie vorher (Reg. 97). —
Per manum Rabaldi, comitissae capellani. — Aus dem
Original (damals) im Archiv des Klosters Polirone: Bac-

chini Dell' istor. di Pol. 86, danach *Fiorentini* Mem. II, 228, *Margarini* Bull. Cassin. II, 127, *Rena e Camici* Math. V, 78. 100.

Nov. 8. **Vignola.** Mathilde bringt einen Vertrag zwischen dem Prior Johannes von St. Silvester in Nonontala und dem Erzpriester Johannes von St. Michael in Nonantola zu stande. — Zeugen: Die vornehmen und edlen Herrn Alberich und Tebert von Nonantola und der Magister und Gramatikus Rubert. — In kurzem Auszug bei: *Muratori* SS. VI, 91. 101.

(Juni?) St. Caesarii. Mathilde gewährt auf Klage Wiberts von Gonzaga den Leuten desselben in Correggio Befreiung von der Last der Albergarie und befiehlt ihren Ministerialen, die genannten Leute nicht mehr zu belästigen. — Zeugen: Gerhard von Plaza, Roland, Manfred Segnorecti, Gosbert von Migliarina, Albizo von Valleputrida u. a. — Atto notarius etc. — Aus dem Original (damals) im bischöfl. Archiv zu Reggio. *Muratori* Ant. It. II, 61, danach *Fiorentini* Mem. II, 231, *Rena e Camici* Math. V, 71, *Tiraboschi* Mem. Moden. II, 77. 102.

Sept. 25. — Dez. 24. **Apud Marturem.** — Mathilde gestattet auf Bitten des Abtes Heinrich von S. Salvatore dell' Isola, dass alle neben dem Kloster befindlichen Vorratshäuser (cellaria) nach des Abtes Gutdünken verändert werden dürften. — Zeugen: Sasso von Bianello, Opizo von Gonzaga, Alberich, Sohn Bruns, Rodulfus Iscarius, Sohn des Martinus, Heinrich, Sohn Alberts, Richard, Sohn Tebalds. — Per manum Ribaldi comitissae Mathildae capellani. — Aus einer Abschrift des Herrn Hofrat *Ficker*, die ich seiner Güte verdanke, nach dem Original im Staatsarchiv zu Siena. 103.

1110 Aug. 29. St. Caesarii. Mathilde schenkt dem Kloster Polirone Ländereien bei Quistello, deren Grenzen genau festgestellt werden. — Zeugen: Albert, Manfreds Sohn, Ubald von St. Vedo, Azo von Sala, Guido, Albert, Raimund. — Rudolfus notarius etc. — Aus dem Original (damals) im Archiv des Klosters Polirone: *Margarini* Bull. Cassin II, 128, danach *Fiorentini* Mem. II, 232, *Rena e Camici* Math. V, 81. 104.

Jan. 1. — Sept. 24. **Bondenum de Roncore.** Mathilde erneuert und bestätigt dem Kloster Polirone das Recht, wonach jeder ihrer Vasallen von dem Gute, welches er an den Orten Pigognaga, Gonzaga, Lecto Paludano u. an a. O. von ihr zu Lehen hat, dem Kloster testamentarisch vermachen kann.

— Zeugen: Sasso (von Bianello), Brogognone, Amedeus (von Nonantola?), Maladobatus (von Corviago), Wibert, Rufus, Heinrich von Bondeno, Wibert, Marchise von Castellarano, Conrad, Ugo von Petrine, Opizo von Gonzaga, Ubert von St. Benedicto. — Albertus notarius etc. — Aus dem Original (damals) im Archiv des Klosters Polirone: *Bacchini* Dell' istor. di Polir. 87, danach *Fiorentini* Mem. II, 234, beide mit Ind. VI; *Rena e Camici* Mathilda V, 79.   105

Oct. 4. Pontremoli. Mathilde genehmigt und bestätigt eine von dem Grafen Ugolinello, einem Edlen der Garfagnana der Kirche von Castellvecchio gemachte Schenkung. — Anwesend: Simonettus Ruffoni de Parma, Lemmo Petri, Franceschinus Vitucci. — Ego Chaiferrus Martiali cancellarius etc. — Aus einer späteren Copie in einem Luccheser Privatarchiv (damals): *Fiorentini* Mem. II, 73; danach *Pacchi* Ricerch. istor. d. Garfagnana Doc. VI; *Rena e Camici* Math. V, 83.   106

1112 April 18. Massa. Mathilde giebt auf Bitten des Abtes und auf Veranlassung des Kardinal-Bischofs von Albano dem Kloster Polirone Ländereien in Massa, die sie von St. Peter zu Lehen hat, und gewährt der Cella des Klosters in Ficarolo einige Nutzungsrechte an Wald, Fischerei und Weide in der Umgegend von Massa. — Zeugen: Arduin von Palude, Sansko (wohl Sasso von Binnello) Rainer von Sasso u. a. — Bonus tabellius Ficaroli scriptor. — Aus dem Original (damals) im Archiv von Polirone: *Contelorius* Math. geneal. 127, *Margarini* Bull. Cassin. II, 129, *Bacchini* Dell' istor. di Pol. 92, danach *Fiorentini* Mem. II, 287.   107

Mai 8. Bondenum de Roncore. Mathilde schenkt den regulierten Chorherrn der Kirche St Cæsario den ganzen Hof Vilzagara mit dem Castell St. Cæsario innerhalb genau festgesetzter Grenzen mit der Bestimmung, dass alle mathildischen Kapitane und Vasallen, die in der Vilzagara Lehen von der Gräfin besitzen, der Kirche den Eid leisten und fortan dieser gegenüber ihren Lehensverpflichtungen nachkommen, wobei den edlen Herrn von Sala wegen der treuen Dienste, die sie der Gräfin im Kampfe mit Heinrich IV geleistet, gewisse Vergünstigungen gewährt werden. — Zeugen: Arduin von Palude, Opizo von

Gonzaga, Amedeus (von Nonantola), Petrus, Rozos Sohn, Rainer von Castellarano, Gerhard von Plaza, Wibert von Gonzaga, Albert, Manfred, Guido von Boza, Manfred und Gerhard von S. Benedetto. — *Ubaldus* notarius etc. — Aus dem Original (damals) im Archiv des Klosters Polirone: *Bacchini* Dell' istor. di Polir. 93, danach: *Fiorentini* Mem. II, 289, *Rena e Camici* Math. V. 84.

1111   108.

Sept. 28. S. Maria de Decimo. Mathilde nimmt das Kloster St.
(24.?) Gorgonis auf der Insel Gorgona und die demselben gehörige Kirche S. Vedo in der Vorstadt von Pisa mit allen Gütern in ihren Schutz. — Zeugen: Vicegraf Hildebrand von Pisa, Redulf von Garfagnana und sein Bruder Opizo, Ugo de Manfredis, Bernard von Parma, Ugo, Sohn des Ottolu, Bernard von Fregnano. — Aus einer Abschrift des Herrn Hofrat *Ficker*, die ich seiner Güte verdanke, nach dem Original in der Certosa di Calci bei Pisa. Erwähnt bei *Lami* Deliz. ad Leonis Urbivet. Chron. II, 9, bei *Rena e Camici*, Math. V. 45 und bei Pflugk-Harttung, It. Ital. 338 f, alle mit 1112, Ind. IV. Doch ist hier der Calculus Pisanus angewandt. Daher 1111, wozu auch Ind. IV besser passt. Ficker liest IX Kal. Oct., Pflugk-Harttung VIII Kal. Oct. — Der Ausstellungsort ist wahr-

1113 scheinlich Diecimo im Süden der Garfagnana.   109.

(1112?) Massa. Mathilde belehnt den Gualando aus Pisa mit dem
April 7. Gute, welches schon sein Grossvater „ex marchia" gehabt, namentlich mit der Hälfte des Waldes Parantini. — Zeugen: Aus Lombardien: Graf Albert, Sasso von Bianello, Arduin von Palude, Ugo und Albert de Manfredis, Wibert von Saviola, Bernhard von Capitemento; aus Pisa: Hildebrand, Rolands Sohn, Romella, Sohn Heinrichs, die Brüder Hildebrand und Roland, der Notar Marignanus und der Vicar Bello. — Per manum Johannis St. Carpensis ecclesiae diaconi et domnae comitissae capellani. — Aus dem Original (damals) im Archiv zu Pisa: *Muratori* Ant. It. I, 813. Eine von Herrn Hofrat Ficker genommene Abschrift der Urkunde war mir durch seine Güte zugänglich. — Die Datierung ist 1113 Ind. V; der Indiktion folgend müsste man 1112 annehmen, was noch dadurch gestützt wird, dass Mathilde am 13. April 1112 in einem Orte Massa weilt (Reg. 107). Aber die in der Urkunde deutlich ausgeschriebene Jahreszahl CXIII wiegt

1118 Mai.

doch diese Bedenken wieder auf. Auch giebt es in Lombardien und Tuscien eine ganze Reihe von Orten die den Namen Massa führen. 110.
Baviana. Mathilde sichert die Güter des Sichelmus, Sohnes des Rotecherius, durch den Bann. — Anwesend: Bischof Ugo von Mantua, die Kapitane: Ugo de Manfredo, Amedeus (von Nonantola), Tebert (von Nonantola), Nordillus (von Castellovetere) und sein Sohn Rainer, Othericus, Gerhard von Erbera, Wilhelm von Ferrara, Petrus Canes, Bombellus, Rufinus, Guido, Bonfantinus. — Aus dem Original im Kloster St. Andreas zu Ravenna: *Rossi* Storie di Ravenna, Lib. V. 818, danach *Rena e Camici* Math. V, 92, unvollständig und mit Ind. VII. 111.

Jan. 1. — Sept. 24. Pigognaga. Mathilde schenkt der Abtei Polirone einen Mansen auf der Insel Revere, der im Süden von Quistello, im Osten von Besitzungen der Mantuaner Kirche, im Westen von Besitzungen der Gräfin begrenzt wird. — Zeugen: Rodulfus, Amedeus (von Nonantula), Opizo (von Gonzaga), Peter von Gomola, Peter von Sala, Rainer von Sasso, Gerhard von Cornazzano, Gerhard von Plaza. — Martinus notarius etc. — Aus dem Original (damals) im Archiv des Klosters Polirone: *Bacchini* Dell' istor. di Polir. 96, danach *Fiorentini* Mem. II, 242 und *Rena e Camici* Math. V, 88. 112.

Jan. 1. — Sept. 24. Bondenum. Mathilde schenkt der Abtei Polirone zum Unterhalt der Brüder in der Kapelle des heil. Valentin ein im Norden bis an die Via Gardesana stossendes Stück Landes in Marengo. — Zeugen: Ugo de Manfredis, Amedeus (von Nonantola), Attobarato, Rainer von Sasso, der Arzt Martin. — Per manum Ubaldi, comitissae capellani. — Aus dem Original (damals) im Archiv des Klosters Polirone: *Bacchini* Dell' istor. di Polir. 98, danach *Fiorentini* Mem. II, 244 und *Rena e Camici* Math. V, 89.

1114 April 20.

113.
Carpineta. In Anwesenheit der Gräfin Mathilde wird ein Besitzstreit zwischen den Söhnen des Bonvicinus von Carpineta einerseits und Johannes, Ferrarius und Benzo von Panzano andererseits zu Gunsten der letzteren entschieden. — Anwesend: Rainer von Sasso, der Gastaldio Domenico, Rainer von Cavitulo, Albert und Bonizo von Cano, Clemens von Valle, Giso, Johannes, Winizo, Henzo

u. a. — Stephanus notarius sac. pal. etc. — hoc feci per consilium Guidonis iudicis et advocatus ducis Guelfi. — Nach dem Original (damals) im Estensischen Archiv: *Muratori* Ant. It. II, 975, danach *Tacoli* Memor. di Reggio, II, 183. 114.

Juni 15. Monbaranzon. Mathilde befreit die Leute von Monticelli auf ihre Klagen über ungerechte Bedrückungen seitens mathildischer Ministerialen von allen bösen und ungewohnten Auflagen, die sie seit den Zeiten der Gräfin Beatrix gehabt oder die ihnen von ihr oder ihren Ministerialen ungerechter Weise auferlegt worden, insbesondere von der Last der Albergarie, und refutiert diese Rechte dem Bischof von Parma, welcher sich jedoch verpflichten muss, die Arimannen der Gräfin in Monticelli nicht in höherem Grade zu belasten, als seine Vorgänger Cadalus und Eberhard es gethan. — Anwesend: Bischof Bernhard von Parma, Bischof Bonussenior von Reggio, Bischof Manfred von Mantua. — Zeugen: Arduin von Palude, Maladobadus (von Corviago), Guido von Bereeto, Sasso von Bianello, Rainer von Sasso, Richter Ubald von Carpineta, Tebert von Nonantola, Malabranca, Draco, Graf Albert, Teuzo von Parma. — Per manum Ubaldi eiusdem comitissae capellani. — *Ughelli* It. sac. II, 171, danach *Fiorentini* Mem. II, 248; *Contelorius* Math. geneal. 131, danach *Rena e Camici* Math. V, 8, *Tiraboschi* Mem. Modenese II, 81. 115.

Juni. Monbaranzon. Mathilde schenkt der Abtei Polirone Ländereien in Casaleone und Dorsodefalcone. — Zeugen: Rainer von Sasso, Sasso von Bianello, Malabranca, Gerhard von Nogaria, Martin Blanco, Bonussenior, Marchise (von Castellarano), Bernhard, Balbus, Otto von Salezola. — Ego Dominicus sac. pal. notarius etc. — Aus dem Original (damals) im Archiv des Klosters Polirone: *Bacchini* Dell' istor. di Pol. 99, danach *Fiorentini* Mem. II, 246; *Margarini* Bullar. Cassinense II, 180. 116.

Nov. 1. Bondenum. Mathilde überlässt der Abtei Nonantola auf Bitten des Abtes und des Priors von Nogara anstatt der Abgabe, die sie der Abtei für den Besitz von Hof und Castell Nogara zahlen muss, einige Ländereien in Nogara. — Per manum Ubaldi capellani. — *Contelorius* Math. geneal. 131, danach *Fiorentini* Mem. II, 249 mit Ind. VI,

Rena e Camici Math. V, 10 mit Ind. VII, alle unvollständig und ohne Zeugen. 117.

Nov. 8. Bondenum. Mathilde schenkt der Abtei Polirone die Albergarie und was sie sich an anderen Rechten bisher noch in den Besitzungen des Klosters auf der Insel St. Benedicti, in Burbassio, Casale, Septingenti, Quistello, Fabiana, Marzaneta, Caput de Vico, Villolae, Valle de Orti und Gonzaga reserviert hatte und verleiht der Abtei das Recht, in allen ihren Wäldern, oder denen ihrer Leute, die Schweinemast zu betreiben. — Zeugen: Graf Albert, Arduin von Palude, Ugo und Albert de Manfredis, Aliard von Melegnano, Gerhard, Bosos Sohn (von Carpineta), Ugo von Baise, Sasso von Bianello, Roland Massarius, Opizo, Rainer und Wibert von Gonzaga, Ugo und Ludwig von Governolo, Maragulus, Petrus, Opizo von Burbassio, Johannes von Fuden. — Ego Ubaldus iudex scripsi. — Aus dem Original (damals) im Archiv des Klosters Polirone: *Bacchini* Dell' istor. di Polir. 101, danach *Fiorentini* Mem. II, 250 mit Ind. VII. 118.

1115 Jan. 26. Bondenum Roncoris. Mathilde bekundet, dass sie den ganzen Hof Quarantula sowie das Castell Mirandola mit zwei Kirchen, welche beiden Besitzungen sie von der Abtei Nonantola zu Lehen besitzt, da sie von Bonifacius auf sie übergegangen seien, mit Zustimmung des Abtes ihrem Kapitan Ugo de Manfredis übertragen habe zur Belohnung der hervorragenden Dienste, die ihr Ugo in Krieg und Frieden geleistet. — Per manum Ubaldi capellani. — *Contelorius* Math. geneal. 131, danach *Fiorentini* Mem. II, 262, unvollständig, ohne Zeugen, mit Ind. VII. 119.

April 8. Bondenum Roncoris. Mathilde schenkt der Kirche St. Michael in Mantua, darin ihr Vater Bonifacius begraben liegt, ihre Rechte und Einkünfte im Hofe Pagnigo. — Anwesend: Johannes von Bianello, Rainer von Sasso, Roland, Massarius, Opizo und Wibert von Gonzaga, Ugo di Madio. — Per manum Ubaldi capellani. — Aus dem Original: *Fiorentini* Mem. II. 268, *Rena e Camici* Math. V, 96. 120.

April 14. Bondenum. Mathilde erneuert und bestätigt der Abtei Polirone eine Schenkung ihres Grossvaters Thedald im Hofe Quistello. — Zeugen: Opizo von Gonzaga, Ubertus

Ruß von Gonzaga, Amedeus (von Nonantola), Arnulf Gastaldio von Boudeno, Rainer von Sasso. — Bonus notarius etc. — Aus dem Original (damals) im Archiv des Klosters Polirone; *Bacchini* Dell' istor. di Polir. 108, danach *Fiorentini* Mem. II, 252. 121.

Mai 4. Bondenum de Roncore. Mathilde bestätigt der Abtei Polirone alle von ihr und ihren Vorfahren gemachten Schenkungen und zwar: 1) Einen Mansen in Roncobonaldo am Po, 2) Die Kirche S. Sisto in Lecto Paludano mit allen Zehnten und Pertinenzien, 3) zwei Mansen in Villa und Bogosso, 4) das Kloster Gonzaga mit der im Kastell gelegenen Kirche S. Maria mit allen Zehnten und Pertinenzien. 5) die gesamten Besitzungen der Gräfin in Pigognaga, bewegliche und unbewegliche, sowie die dortigen Vasallen d. h. die Handwerker und dienenden Leute, nicht die Capitane und Valvassoren von Pigognaga, 6) den ganzen Hof Villolae, 7) den ganzen Hof Quistello, 8) die Villa von Gabiana, 9) die ganze Insel St. Benedicti, 10) die Villa in Saviola, 11) die ganze Villa Septingenti, 12) die ganze Villa Burbassio mit einer Kirche, 13) den ganzen Hof Casalebarbatum, 14) die Kirche St. Benedict in Ficarolo, 15) Ländereien in Casaleone mit einer Kirche, 16) das Fisch- und Holzrecht in Massa, 17) die Kirche St. Agatha in Ferrara, 18) die Kirche St. Valentin in Marengo. — Zeugen: Graf Guido, Graf Albert, Bosos Sohn, Graf Arduin von Palude, Gerhard, Bosos Sohn (von Carpineta), Ugo de Manfredo, Sasso von Bianello und Rainer (von Sasso), Nordillus von Castellovetere, Lanfrank von Savignano, Gerhard von Plaza, Opizo von Gonzaga, Vitegerius, Rainer von Castellarano. Alberich von Nonantola, Adegerius, Albert von Sala, Ubald von Carpineta. — Martinus notarius etc. — Aus dem Original (damals) im Archiv des Klosters Polirone: *Bacchini* Dell' istor. di Pol. 104, danach *Fiorentini* Mem. II, 254, *Rena e Camici* Math. V, 97. 122.

Mai 8. Bondenum. Mathilde erneuert ihre am 8. Mai 1112 der Kirche von S. Cesario gemachte Schenkung (vergl. Reg. 105) bestehend in der Vilzagara und dem Kastell S. Cesario. — Zeugen: Arduin von Palude, Opizo von Gonzaga, Gerhard von Plaza, Amedeus (von Nonantola), Petrus, Rozos Sohn, Rainer von Castellarano, Wibert von Gon-

? — 1076 April 18.

zaga, Ubizio von Campagnola. — Rudolfus notarius etc. — Aus dem Original (damals) im Archiv des Klosters Polirone: *Bacchini* Dell' istor. di Polir. 108, danach *Fiorentini* Mem. II, 259, *Rena e Camici* Math. V, 101. 123.
Beatrix und Mathilde nehmen ein dem Kapitel von Lucca gehöriges, für die Aufnahme von Armen bestimmtes und als Hospiz dienendes Haus in Lucca unter ihren ganz besonderen Schutz. Aus dem Original (damals) im Kapitelsarchiv zu Lucca: *Fiorentini* Mem. II, 51, unvollständig ohne Zeugen, Notar, Datum und Austellungsort. 124.

(Um 1080?)
Mathilde gewährt den Mönchen von Montecassino Freiheit des Kaufens, sowie Befreiung von Zoll und Curatura in den Städten Lucca und Pisa und in ihrem ganzen Herrschaftsgebiet. — *Muratori* Ant. It. I, 957 unvollständig, ohne alle Daten, danach *Fiorentini* Mem. II, 265. — Die Urkunde wird erwähnt im Chronicon Monast. Cassin, IV, 478, sowie M. G. SS. VII, 745. 125.

— Mathilde widmet das Kloster Gonzaga der römischen Kirche; doch soll dem Abte von Polirone die Ordinations- u. Dispositionsgewalt zustehen, unbeschadet der apostolischen Hoheit; auch soll die Kurie einen jährlichen Zins von Polirone erhalten. — *Margarini* Bull. Cassin, II. 118, ohne Zeugen, Notar und Datum, danach *Fiorentini* Mem II, 266. 126.

— Mathilde befiehlt, dass eine Strasse in Parma, die zum Schaden der Parmeser Kirche verlegt worden war, wieder in alter Richtung verlaufen solle. — Aus dem Original (damals) im Kapitsarchiv zu Parma: *Affö* Stor. d. Parma II, 344 ohne alle Daten. 127.

— Mathilde nimmt die in der Grafschaft Chiusi in Panciano gelegene und dem Kloster S. Salvatore in Monte Amiate zugehörige Kirche S. Lucia in ihren Schutz und sichert sie vor jeder Verletzung, die mit 100 Pfund bestraft werden soll. — Ohne Zeugen, Notar und Daten. — Aus einer Abschrift des Herrn Hofrat *Ficker*, die ich seiner Güte verdanke, nach dem Original, im Staatsarchiv zu Siena — Erwähnt bei *Liverani*, Le catacombe e antichità christiane di Chiusi, S. 290 z. Jahre 1079. Ficker datiert circa 1100. 128.